長鏡頭下的喜劇人生

查理·卓別林

口述自傳

偷吃驢子的食物、

美國夢破碎、險些被炸死……

就算悲慘，我還是要當演員！

CHARLIE

CHAPLIN'S OWN STORY

當過一陣子街友，差點變成乞丐？ 　　興致勃勃化妝前往拍攝，慘被導演當場洗臉？

好不容易得到龍套機會，對方卻死了？ 　面試太緊張跌倒，老闆開心到高薪錄取？

由美國傳記作家 **蘿絲·懷德·萊恩** 採訪執筆寫成，

帶領讀者回顧探究這位無聲笑匠成名前的奇葩故事！

查理·卓別林 (Charlie Chaplin)｜口述　蘿絲·懷德·萊恩 (Rose Wilder Lane)｜執筆　郭繼鴻｜譯

目錄

CONTENTS

第一章

五歲便有的偉大夢想

第一章　五歲便有的偉大夢想

我會在這一章談到我五歲時候的一些經歷，描述一下我在舞臺上第一次公開演出的情況。

人生本身就是一場喜劇 —— 一場低俗的鬧劇而已。人生總是會在你不經意的時候給你當頭一棒。你想要追求夢寐以求的東西，突然之間啪的一聲巨響，你想要的東西卻消失不見了！你想要去狠狠揍一頓你的敵人，卻發現最後揍的是你的朋友。你滿懷自信地走著，最後卻跌倒在地。生活到底是悲劇還是喜劇，這一切都取決於你的看法。其實，悲劇與喜劇根本就沒有分明的界線。

在我十一歲的時候，無家可歸，在倫敦的街頭上餓著肚子，當時的我就有一個偉大的夢想。我是一個相當早熟的人，腦海裡總是充斥著各種想像、幻想以及驕傲的情感。我的夢想就是成為一名偉大的音樂家或是像布斯那樣偉大的演員。可以說，我能有今天這樣的成就，成為百萬富翁，就是因為我穿著滑稽的鞋子嗎？人生真的是一場低俗的鬧劇嗎？

現在，這個世界依然沒有多少笑聲，有的只是充斥在我們耳旁的一些憤世嫉俗之語。只要我還能讓人們發出笑聲 —— 發出源於內心的爽朗笑聲 —— 那麼我就會感到滿足。當然，我也不可能一輩子都這樣做。民眾就像是一個孩子，他們很容易對手中的玩具感到厭煩，然後像扔垃圾一樣將其扔走。當出現這樣的情況後，我就會選擇去做其他事

情，但我依然會對此心滿意足。驀然回首，我始終知道，在過去的某個時代，我擁有過屬於自己的輝煌時代，而且我現在依然享受這樣的時代。畢竟，我實現了自己童年時的許多夢想。

我的母親對此肯定感到非常自豪。這又可以說是人生的另一齣低俗的鬧劇——我的母親可以說是整個英國最自豪、最柔和的女性之一，她肯定會認為，二十年後我會成為一名偉大的悲劇演員，而她現在卻躺在醫院的病床上，為我能夠在電影裡扮演許多幽默搞笑的角色，逗得別人哈哈大笑而感到非常自豪。

在我兩三歲的時候，母親就開始為我的表演感到自豪了。在她與我父親從倫敦音樂廳表演回家之後，他們經常會邀請一些朋友過來吃晚飯。父親會將我從床上抱下來，讓我站在餐桌上，為他們表演。

我的父親是一位身材魁梧、面容冷峻卻又英俊的人。他帶我出去時，經常讓我坐在他的肩膀上。我不是很喜歡這樣的出行方式，因為他臉上粗硬的鬍子會碰到我。他會讓穿著睡衣的我站在餐桌上，房間裡明亮的燈光讓我睜不開眼。餐桌上的其他人都會一邊喝酒一邊對著我的表演發出笑聲。我總是表演得很好，大家都發出一陣陣笑聲，並要求我做出更多的表演。我能夠模仿我之前見過的每個人，能夠唱出我之前聽過的歌曲。

　　有時，這些人會讓我連續表演幾個小時，直到我實在是睏意太濃，雙腳無法站立，最後倒在餐桌上。此時，母親就會過來將我再次抱到床上睡覺。我還記得，母親在幫我蓋被子的時候頭髮落在枕頭上。母親的頭髮是棕黃色的，非常柔軟，散發出香氣。她的臉綻放著笑意，似乎散發出光芒。當然，這是我很小時的記憶。

　　我不知道母親的真正名字，她出生在倫敦一個受人尊敬的家庭。她在十六歲的時候離家出走，與當時是音樂廳演員的父親結了婚。之後，她就再也沒有與自己的家人來往了。婚後，母親跟隨著父親在英國以及歐洲大陸到處表演，她也會親自到音樂廳的舞臺上表演。他們兩人一直都沒有賺到很多錢，父親也把賺到的所有錢都花光了。很多時候，我們都在演員的宿舍裡過著非常貧窮的生活，母親經常擔心我們沒有食物吃。有時，我們也會有一些好運，父母一旦接到一些演出，我們就能有新衣服穿，過上幾天溫飽的日子。

　　在父母接受音樂廳邀請演出的途中，我出生在法國的一座小鎮上，當時我的哥哥已經四歲了。在母親產後身子恢復之後，她就立即動身前往倫敦，再次投入工作當中。她在舞臺上的藝名是莉莉・哈利。她會演唱一些歌曲，在英國的音樂廳非常受歡迎。母親的歌喉很好，但她卻很討厭在這樣的舞臺上生活。有時在晚上，她會來到我的床上，緊緊抱著

我，然後哇哇地哭起來。當時的我覺得很痛苦，我也很想大聲尖叫，但我不敢，因為我怕吵醒父親。

父親的名字叫查爾斯・卓別林，是一位唱民謠的歌手，父親的音色屬於男中音。他在音樂廳裡取得了很大的成功，現在的英國仍有人記得他。母親與他在一起的時候，始終都是在大笑與歌唱，母親非常喜歡父親，但內心對他還是有點恐懼。當父親發怒的時候，她的臉色就會變得蒼白，雙手不停地顫抖。母親的雙手非常纖細，這讓我想起了她在幫我穿衣服的時候，她那雙手就像小鳥的爪子。

我們過著有上頓沒下頓到處漂泊的生活，母親經常在舞臺上賣力地演出，但我們還是沒有什麼錢。不過，母親卻為能夠讓哥哥與我穿上好衣服而感到自豪。晚上，在母親結束了音樂廳的表演以及聚會之後，我都會從床上醒來，看著母親拿出一個很小的伊頓寬硬衣領，將我們衣服弄平。此時，其他人都已經入睡了。

在我五歲的一天，雪梨與我在地板上玩遊戲，此時母親跟蹌著腳步回家了，我覺得母親可能是喝醉了。我之前已經見過很多人喝醉的場景，因此這樣的場景對我來說本應該是很平常的。但是看見母親喝成這樣，我的內心還是覺得很恐懼。我立即張開了嘴，驚恐地尖叫著。我不停地尖叫，似乎根本停不下來。

雪梨跑出房間。母親也沒有看我一眼，她跟蹌著腳步回到房間，想要將帽子摘下來。然而她的頭髮卻落在她的臉上，之後便躺在床上睡覺了。

過了一會，我匍匐著身子爬到窗邊，觸摸了一下她的手。她的手冰涼，這讓我的內心感到極為恐懼，我不敢發出一點聲音。我一點點地後退，直到我靠到了牆邊。然後，我就坐在那裡，死死地看著母親的手。

過了很長一段時間，大門打開了，我看見父親穿著靴子走進來，我聽到他在大聲咒罵。父親穿著靴子來到床邊，我從父親的身上聞到了威士忌的酒味。過了一會，我聽到母親發出微弱的聲音。

「不要做一個歇斯底里的傻瓜。妳晚上必須要去工作。我們需要錢。」父親說。

「我做不到。我現在身體狀況很差。我生病了。」我聽到母親啜泣著說。

父親用靴子狠狠地踩了一下地板，然後走出了房間。

「既然這樣，那我就帶查理去表演了。」父親說，「那個兔崽子在哪呢？」

我蜷縮著身子，想要繼續往牆邊靠，然後保持靜止的狀態。我也不知道為什麼會這樣做，我就是感到恐懼。接著，

大門又被打開了，父親的靴子再次在樓梯上發出響聲。我聽到了母親在叫我，我緩緩地從床底下爬出來。

母親說希望我能夠代替她的位置，在舞臺上唱出我最好的水準，我說我會做到的。接著，她叫我拿一件全新的小外套給她，這是她之前買給我的一件有著全新衣領的衣服。此時的母親依然躺在床上，我的下巴剛好在床邊的位置。因此，母親要花很長時間才能幫我穿好衣服、梳好頭髮。當父親進來的時候，她還在忙著幫我打扮。

母親匆忙地親吻了我一下，告訴我要做到最好。父親牽著我的手，然後我們就前往音樂廳了。此時，我們是在奧爾德肖特的一座有部隊駐守的城鎮，這裡到處都能見到士兵的身影。當他們走過我的身邊時，我總是回頭看著他們所穿的制服。不過，父親拉著我走得很快，我的脖子都快要扭成兩段了。

當我們來到音樂廳的時候，時間已經很晚了。我之前晚上從未見過一個人，母親總是在她工作的時候就讓我與哥哥上床睡覺。父親將我帶到一條小巷，接著經過一個光線黯淡的地方，從這裡可以來到舞臺的一端。我看到了一大群人坐在另一邊 —— 幾乎有數百人聚集在那裡。音樂廳裡響起了陣陣噪音與各種音樂，舞臺上閃耀著燈光。

一個穿著緊身衣，身上掛著亮晶晶小飾品的女孩走出

來，在我的臉上塗抹了一些油膩的東西。我剛想要伸手去擦
拭，他們卻不允許我這樣做。接著就是原本該我母親表演
的時候了。父親望著舞臺的方向，然後用手輕輕地推了一
下我。

「快去唱〈傑克‧瓊斯〉這首歌吧。」他說。

第二章

難以磨滅的演出記憶

> 我第一次在舞臺上公開演出，並且取得了成功，遇
> 到了那個紅臉的人。

我滿腹疑惑地走上舞臺。舞臺上的燈光讓我感到一陣暈眩，我差點摔倒了。整個舞臺看上去非常空曠，站在上面的我覺得自己很渺小很孤獨。我不知道自己該做什麼，但是父親之前叫我走上舞臺，唱一下〈傑克‧瓊斯〉這首歌。在我沒有唱完這首歌之前，我不敢回去。

舞臺腳燈下面的觀眾爆發出一陣熱烈的掌聲，這讓我感到更加困惑了，直到我最後看到了這些人都在哈哈大笑，不停地鼓掌。接著，我想起了自己之前在餐桌上唱歌的情形，當時餐桌上也有很多人不斷發出噪音，而且那裡也有燈光照射。我想，這應該是同樣的事情吧。於是，我開口盡最大的努力唱好〈傑克‧瓊斯〉這首歌。

這是父親之前教我唱過的一首叫賣小販經常唱的歌曲。我唱完了第一段之後，接著就開始唱第二段，我只想盡快地完成在舞臺上的歌唱。我並不是很害怕臺下的觀眾，而是覺得這個舞臺變得越來越大，而我則變得越來越渺小。我想要回家與母親在一起。

臺下的觀眾爆發出一陣陣巨大的噪音，打斷了我的歌唱，某些東西打在我的臉頰上。我停止了歌唱，嘴巴上含著一張紙似的東西，還有其他一些東西被臺下的觀眾扔在我的

腳下，接著很多東西扔在舞臺上，其中一個東西打在我的肩膀上。臺下的觀眾紛紛將這些東西扔到我身上。

我不禁後退了一步，內心感到無比恐懼，但我還是盡量唱下去。我臉上的肌肉在顫抖，覺得喉嚨裡長起了一個很大的腫塊。我知道我必須要唱完這首歌，因為父親之前跟我說過，必須要唱完這首歌。豆大的淚珠從我的眼睛裡流出來，我低著頭，用手指的關節去擦拭這些淚水。接著，我看見舞臺前面的地板上幾乎都被硬幣或是先令所覆蓋了。這是錢啊！這是觀眾扔給我的錢啊。

「哦！等等！等等！」我大聲地說，接著我彎下腰，用手將這些錢收集起來。「這可是錢啊！等一下！這可是錢啊！」

我的雙手都裝滿了錢，但舞臺上還有很多錢。於是，我匍匐著身子，將這些錢放到我的口袋裡，然後大聲對觀眾說：「等我收好這些錢之後，你們再扔。我還會唱很多歌。」

演出的效果非常好。臺下的觀眾發出陣陣笑聲，不斷大聲喊叫著，甚至走出他們的座位，向我扔來更多的錢。這些錢幣不斷落在我的身旁，在舞臺上轉動。而我則馬上過去撿，開心地叫喊著。我把錢填滿了我的口袋，然後再將一些錢放進我的帽子裡。接著，我站起來，又唱了一遍〈傑克·瓊斯〉，唱完了第二遍之後，我還想唱一遍，但此時父親叫我走下舞臺，到後臺等。

我大約賺了 3 英鎊，雖然其中很多都是 6 便士、1 先令或是半克朗等小面額的硬幣。我坐在化妝間的座位上，在裡面玩了一下，此時父親就在舞臺上表演。我計算不出這到底有多少錢，但我知道這是錢，我一下子覺得自己非常富有。接著，我們就回家了。父親將我放在母親的旁邊，我笑著將這些錢倒給母親。母親也笑了起來。父親拿走了這些錢，然後買了一頓很好吃的食物給我們，還讓我喝了幾口麥芽酒。我還記得，那天晚上我在雪梨身邊顯得洋洋得意。

　　第二天，母親有能力去工作了，雪梨與我再次被留在家裡。在母親出去工作之前，她與父親吵了一頓，父親大聲咒罵著，母親則一邊哭泣一邊跺著腳。她說：「不行！不行！不行！他還太小了！」我知道他們肯定是在談論我。於是，我匍匐身子爬到了房間的一個角落，靜靜地待在那裡。

　　在這之後，我覺得我們一家過得越來越貧窮了，晚上再也沒有舉辦過什麼聚會了。有時，母親獨自一人回家，把在睡夢中的我叫醒，然後幫我蓋好被子，當時的我覺得非常難過，似乎我的心都要碎掉了，因為母親的臉上沒有一絲笑容。雪梨在白天的時候與我一起玩耍，都遠遠躲著父親。當父親回到家，他的臉總是紅通通的，他的呼吸是那麼灼熱，散發出強烈的威士忌酒味。他喝得醉醺醺之後，直接上床睡覺，沒有與母親說一句話，睡覺的時候嘴巴都是打開的。接

著，我與雪梨就會靜悄悄地走出家門，在走廊上玩耍。雪梨是一個非常聰明且開朗的年輕人，他總是跑過來大聲地說，「喂！船呀！」他的夢想就是成為一名水手。他無法與我玩耍很久，因為這樣的遊戲我很快就會覺得無聊了。我想要一個人躲在一個角落裡，思考與想像著自己所見到的一些事情，並且思索著我能夠做些什麼——比方說創作音樂或是穿著天鵝絨的西裝，向臺下的觀眾鞠躬，每頓飯都能吃上蛋塔，而且還有六匹白色的小馬可以騎行等渺茫的夢想。

那些年，憂慮與不幸福的生活似乎就像是一團愁雲籠罩在我們的家庭上空，有時這會讓我一個人呆呆地坐著，安靜地哭泣。我也不知道自己為什麼會哭泣，但我的內心只是覺得很痛苦與悲傷。接著，我感覺到自己的夢想正在慢慢消失，我感覺自己非常渺小與孤獨，有時即便是母親過來安慰我，也難以讓我內心的痛苦情感徹底消失。

在我十歲的那一天，我第一次在舞臺上表演的記憶以及我第一次遇到那位紅臉的人的記憶都變成這些夢想的一個模糊回憶。我只記得我們經常從一個地方趕到另一個地方，過著不幸福的生活，而母親卻總是露出悲傷的神色。我清楚地記得，在一天晚上，我與母親一起前去倫敦的音樂廳，然後與木屐舞舞蹈演員一起走了。

母親之所以帶我一起去，是因為此時她要去工作，而她

又找不到雪梨。此時的雪梨已經十四歲了，經常在大街上玩耍，有時甚至整天出去玩都不回家，這讓母親感到非常擔心。但是，母親又必須要工作，無法整天在家照看我們。在我當時的印象裡，我覺得父親根本賺不到什麼錢，即便他真的賺到了什麼錢，這些錢也都全部被花在酒吧喝酒上了。因為那個時候的父親是一個很受歡迎的人，有很多朋友都想要與他一起喝酒。當時，我已經知道我們生活在一個非常貧窮的家庭裡，當女房東催促母親盡快交房租的時候，她有時會悄悄落淚。

我記得，就在這一天，當我站在母親身旁，看著一班木屐舞舞蹈演員在舞臺上表演的情景。母親穿上了她的戲服，等待自己出場。她不停地詢問我上一次見到雪梨是在什麼時候，但我卻根本聽不進去。我知道怎樣跳木屐舞，因為雪梨與我之前在大街上就曾與那些男孩們一起跳過。我之所以感到不耐煩，是因為母親把手搭在我的肩膀上，我想要與其他的舞蹈演員一起去跳。我扭動著身體，想要掙脫母親的手，自己跳起來。我跳出了一些難度很大的舞蹈動作，這讓我感到很自豪。當音樂停止之後，我看到母親的臉上也露出了自豪的神色。我四處張望，看看有沒有人欣賞我的表演，然而，只看到了那個紅臉的男人。

他就站在我母親的身後，是一個體型很肥的人，雙下巴，一隻眼的眼瞼上還長著一顆疣。這個紅臉男人的長相讓我覺得很好奇，以至於我的視線無法從他身上轉移。當母親在舞臺上表演的時候，我依然死死地盯著他看。

　　「小子，我必須要說，你的雙腳真的很靈活啊！」他對我說，「你每天都能跳得那麼好嗎？」

　　「能啊，我很喜歡跳舞。」我說。

　　「你想要加入這個舞蹈隊伍嗎？連續表演十四天嗎？」他問。

　　「我有什麼好處？」我一臉精明地問道，因為我之前看見過父親也這樣做。

　　紅臉男人笑著說：「一個星期三點六英鎊。」他說，「這些全部都是給你的。我還會買一套天鵝絨西裝給你，你還可以吃好吃的 —— 每一頓都有肉餅與布丁。」

　　「那有蛋塔嗎？」我試探性地問道。

　　「如果你想吃的話，有一大堆的蛋塔等著你吃呢。」他說，「加入我們吧，你願意嗎？」

　　「好的。」我立即回答說。

　　「好吧，那你過來吧。」說著，他就領我走出了音樂廳。

第二章　難以磨滅的演出記憶

第三章

只是為了能吃上蛋塔

第三章　只是為了能吃上蛋塔

> 我成為一名木屐舞演員；我未能得到自己想吃的蛋塔；招致霍金斯的憤怒。

在通向小巷的大門內還有五個男孩，他們也是木屐舞舞蹈演員。他們彼此都簇擁在一起，誰也沒有玩耍或是說話。當紅臉男人引著我走到他們身邊的時候，他們都用非常奇怪的眼神看著我，但沒有說一句話。這些男孩都用一張棕色紙將舞臺服裝包起來，用手臂抱著。借著煤氣燈發出的光線，我看到他們都是衣衫襤褸，滿臉疲憊。

「這就是將要與你們一起表演的新夥伴。」紅臉男人緊緊地抓住我的手說，這讓我感到很痛，不由自主地扭動著身體。

其他的男孩都沒有說話，他們只是看著我，這麼多人齊刷刷地看著我，讓我感到很不自在。

「快點說話！」紅臉男人突然大聲吼叫起來。這些男孩都突然跳了起來。「當我跟你們說話的時候，你們要快點說：『是的，先生，是的，霍金斯先生。』」

「是的，先生，是的，霍金斯先生！」男孩們一起說。

「好了，小傢伙們，現在我們準備回我們的好房子了，然後吃蛋塔作為晚餐了。」霍金斯說。他向舞臺的看門人點了點頭，這個看門人是一個留著鬍鬚、沉默寡言的人，他坐在

那裡抽著菸。我們穿過了一條陰暗的小巷，來到了大街上。

這是一個霧氣彌漫的寒冷夜晚，街燈在霧氣的縈繞下顯得非常鬼魅，我們在大街上的腳步聲顯得空蕩蕩卻似乎是被什麼壓抑著。我之前從未試過這麼晚外出的，霧氣籠罩下的事物看上去都很奇怪，大街上幾乎空無一人，只是一輛車偶爾呼呼而過，這不禁讓我的身體顫抖起來。

男孩們都走在前面，霍金斯與我緊緊跟在他們身後。我們走了很長一段時間，直到我的雙腳開始發痠。在霍金斯用力地緊握下，我的手指再也感受不到疼痛了，而是變得麻木起來。我的心感到非常迷糊與困惑，我唯一能夠想到的人就是我的母親。當我成為「富人」之後，帶著三點六英鎊回家看望她的時候，她肯定會非常高興的。

最後，我們來到一間房屋的門口，門口處有一盞發出微弱光線的煤氣燈。霍金斯將這些男孩們都趕進去。一個髒兮兮的肥胖女人開了門，說了一些讓我們內心顫抖的話。接著，我們在陰暗的樓梯上走了很久。最後，霍金斯放開我的手，打開了一扇門。

當我們跟蹌著走進去的時候，一陣潮溼發霉的氣味就湧入我的鼻孔裡。這是一間非常骯髒簡陋的房子，只有兩張床，一張很長的桌子以及幾張椅子。

「好了，我們到家了。」霍金斯高興地說，「現在，你們

要吃一頓好吃的。」男孩們都沒有說一句話。他們安靜地坐下來，然後看著他，偶爾也會看著那扇門。我揉了一下我那發痠的手指，同樣看著霍金斯。那顆疣還在他一隻眼的眼瞼下面，我簡直無法將目光從這顆疣上轉移出去。

　　沒過多久，剛才那個肥胖的女人走進來了，同時送了晚餐給我們 —— 霍金斯吃的是排骨與麥芽酒，而我們則吃一碟布丁以及切得很厚的麵包片。男孩們都像餓狼似的吃著，但是我則將盤子推到一邊，看著霍金斯，只見他正在大口地吃著排骨，滿心愉悅地喝著麥芽酒。

　　「蛋塔在哪裡呢？」我問他。

　　「蛋塔！你什麼時候聽說晚餐有蛋塔吃？」他對著我大聲吼道，「蛋塔！」他咯咯地笑了起來，接著不斷重複著這個詞語。最後，我感覺很羞愧，內心充滿了困惑。接著，霍金斯將他那張紅臉對著我，然後用可怕的聲音大聲吼道：「小傢伙，有這些吃你還不滿足嗎？我還要給你們蛋塔吃嗎？我還要給你蛋塔吃嗎？」他的話把我嚇得從椅子上掉下來，內心感到無比恐懼。

　　「你並不想吃蛋塔，你想吃的是棍子吧。你想要好好地吃一頓棍子吧？」

　　「不是的，先生。」我說，「先生，請不要打我。」

「哦，你不想吃棍子嗎？不，你肯定是想吃棍子了，你肯定是想吃棍子了。我的棍子在哪裡呢？」他用可怕的聲音大聲咆哮著。我在椅子上蜷縮著身子，內心的驚恐無以名狀，我甚至無法哭泣。最後，他那雙大手抓住我的肩膀，我痛苦地尖叫著。

他只是搖了我一下，然後一把將我推回到椅子上。就是從這個時刻開始，我就生活在對他的恐懼當中——這樣的恐懼心理讓我的每個白天與晚上都顯得黯淡無光，讓我每天晚上都做噩夢。其他的男孩也很害怕他。當他與我們在一起的時候，我們都是安靜地坐著，小心翼翼地看著他。當他晚上在房間裡走路的時候，都會拿著那根棍子晃來晃去，而我們看著都感到心驚肉跳。雖然我記不起他曾經是否真的打過我們，但他經常施加這種隨時要打我們的恐懼心理給我們，這讓我們感到非常痛苦。有時，他早上將我們鎖在房間裡，其中最勇敢的一個男孩就會說到在霍金斯晚上回來之後會怎樣打他們。但是，他們說的時候都非常小聲，不時看著大門，其他人在聽到的時候都在渾身發抖。

晚上的時候，我們跟著霍金斯前去各式各樣的音樂廳。這些音樂廳都與我母親之前唱歌的舞臺並不一樣，這裡的舞臺很寬敞，並且還有木椅與木桌，在中間圍成了一個正方形，我們就在正方形舞臺上跳舞。這些音樂廳彌漫著菸草的

味道，還伴有麥芽酒與烈性啤酒的氣味，數百個留著鬍子的醜陋男人都在臺下盯著我們看，這有時讓我感到非常困擾，不知道該怎麼跳舞。當時我的身材很矮，每天還要忍受飢餓以及霍金斯帶給我的持續恐懼。我感覺腳很重，無法邁出腳步跳著輕盈的舞蹈，我的眼睛被刺眼的光線照得睜不開。我真的很想爬著回到一個安靜的黑暗角落裡，這樣的話我就能好好地休息，感覺到母親的手正在幫我蓋被子。一想到這裡，我就會在跳舞的時候暗自流淚。但我絕對不敢停下跳舞的腳步或是跳錯一個步伐。我真的不敢。

在我幼小的心靈裡承受著太多的痛苦與恐懼，我必須要將舞蹈跳得很好。觀眾經常會大聲歡呼「繼續跳！」，在他們大聲叫喊與歡呼、喝著麥芽酒的時候，我雖然感到非常疲憊，但也只能繼續跳下去，直到渾身都感到痠痛。有時，他們會丟一些錢給我。在他們最後盡興之後，霍金斯就過來搜索我的口袋，將我握緊的拳頭張開，將我身上的每一分錢都拿走，因為他擔心我會私藏一些錢。

這幾個星期的所有記憶都因為霍金斯的存在而蒙上了一層恐怖的色彩。這樣的恐懼感從來都沒有離開過我。當他在房間裡的時候，我盡可能地遠離他，只是安靜地在一個角落裡坐著，靜靜地看著他眼瞼下面的那顆疣以及他手上的那根長棍。當他出去的時候，我還是坐在那裡，一想到他還會回

來，我就渾身發抖。在吃晚飯的時候，我雖然很餓，但在他那可怕的目光注視下，我根本吃不下那些布丁。

最後，在一天晚上，當我們來到一座我們要參加表演的音樂廳的時候，我們發現裡面的觀眾爆發出一陣陣震耳欲聾的歡呼聲。觀眾們都從椅子上站了起來，大聲地說：「快點打，狠狠地揍他！」聲浪一陣高過一陣，這讓我感到渾身發抖。在我們原本要跳舞的舞臺中央，兩個人正在打架。

霍金斯帶著我們推開了人群，找到了一處離這兩人打架較近的位置觀看。我看到了這兩人都赤裸著半身，在煤氣燈的照射下顯得很強壯。我看到他們大力地揮著拳頭，空氣裡彌漫著菸酒味，這樣的氣味讓我內心一陣噁心，人群爆發出來的歡呼聲也讓我感到恐懼。最後，參加打架的一個人一陣暈眩，跟蹌著後退了幾步，最後倒在臺上。他離我很近，他的臉我看得很清楚，此時他的臉已經被打腫了，看不到他的眼睛，鮮血直流，他張開的嘴巴也流著血。這一恐怖的場景讓我幼小的心靈深受震撼。在經過了幾個星期的提心吊膽之後，我當場暈倒了。

我被別人及時地叫醒去跳舞。人群被剛才的打架比賽調動起了興趣，向我們扔來了許多錢。當霍金斯在門口處搜索我的口袋時，他彎著腰，那張紅臉瞪著我，大聲地咒罵著，但他卻沒有用手來抓我。我當時感到渾身一陣麻木，打了一

個冷戰。我覺得自己無法走路，於是他就像我父親那樣將我放在他的肩膀上，然後回家。

　　之後過了很久，我才知道我正站在他的膝蓋上，而他則用手輕敲著我的頭，然後嚴肅地看著我。

　　「你這個忘恩負義的傢伙！」他大聲地說，「小傢伙，你好好說話，難道我沒有給你好吃好喝嗎？難道我不是一位從未用棍子打你的好主人嗎？」

　　「哦，是的，先生。」我一臉驚恐地說。

　　「既然這樣，你就不要做一個忘恩負義的人，不要像年輕的吉姆那樣在我的管教下死去。」他憤怒地對我說，「你聽到了沒？你這個頑固的傢伙，我不吃你這一套。」

第四章

未知與恐懼的世界

> 我感到自己非常渺小與孤單；再一次招致霍金斯可怕的憤怒；我逃脫出來，面對的卻是一個充滿未知與恐懼的世界。

「你這個人就是頑固！我不吃你這一套！」霍金斯憤怒地說，接著拿起了棍子。

霍金斯的雙膝夾著我，我努力地想要掙脫開。我驚恐地哭著說，我並不是這個意思，我很對不起，我以後一定會乖乖聽話的。我懇求他不要打我。即便在他最後將我放開之後，我依然在大聲尖叫著。

第二天的某個時候，我在一張搖晃的床上醒來了，覺得很熱。我原本以為母親會在這裡，她那長長的頭髮落在枕頭上，她的臉上閃爍著愉悅的神色。我雙手抱著頭，哇哇地哭了起來，母親不在這裡了！一個看上去有點醜陋的女人手裡拿著一把梳子，向我走來。

「快點！快點！」她一邊搖著我的肩膀，一邊不耐煩地說，「還有工作要做呢，沒有時間讓你繼續躺在床上了。」

我掙扎著想要擺脫她那隻沉重的手，哭泣著說我想要找媽媽，我想要回家。我感覺自己真的很渺小，真的十分悲慘與疲憊，失去母親的痛苦似乎要讓我的心都碎掉了。

「你母親不在了。」女人邊說邊搖著我，「你真的像是一個女生，整天像個孩子那樣哭來哭去。」

「不！不！」我對著她大聲尖叫著說，「母親沒有離開我，母親沒有離開我。」

　　「但是她真的拋棄你了。」女人對我說，「她離開了你。」

　　我讓她把我從床上扶起來，然後癱軟地坐在她將我放下的地板上，把我那個痛得就要裂開的頭靠在床柱上。我兒童時期所有的勇氣與希望都已經遠去了。在這個可怕黑暗的世界裡，我如此的渺小，只能孤身一人去面對，而母親再也不管我的死活了。我萬念俱灰地坐在地板上，眼淚從臉頰上唰唰地流下來，我不想要被任何人打擾，也不想要動一下身子，更不想見任何人。

　　過了很長一段時間，應該是在黑暗中過了很久，霍金斯帶著那幾個男孩進來了。此時的我甚至根本沒有了害怕他的任何力氣。當他對著我大聲咆哮的時候，我只是坐在那裡，身體微微顫抖，然後把頭轉向另一邊。我還記得霍金斯在房間裡來回踱步，看了我好長一段時間。我還記得他手裡拿著一杯麥芽酒，然後遞到我的嘴唇邊，強迫我喝幾口。但是，這一切都是那麼讓人感到困惑與迷茫。我根本不在乎這些，我只是想要一個人好好地待著。

　　接著可能是第二天或是幾天之後吧，我們沿著崎嶇不平的鵝卵石大街走著，此時天色還很早，天氣很寒冷，一團濃密的霧氣籠罩著大街。我走路的時候很不穩定，因為我感覺

到雙腿乏力。霍金斯緊緊地抓住我的手，我的手臂感到很痛。我們這些人來到鄉村的一個集市上。我對這裡的環境很感興趣，因為母親之前曾帶我與雪梨來到草地上，我們就在草地上玩耍，並且還找到了流星花，玩累了之後，我們就會坐在樹底下，吃籃子裡面的蛋糕。

在我們走了很久的路之後，霍金斯帶我們來到了一家小吃店，我們在這裡吃了香腸作為早餐，我喝了一大杯熱騰騰的咖啡。當我們走出小吃店的時候，太陽已經出來了，我們接著沿著一條寬闊的白色大道前進，經過了很多草地與樹木環繞的美麗房子。我之前從未想像過在這樣的地方，看到這些美好的景色讓我感到很高興。在溫暖的陽光照耀下，再加上吃飽的肚子，我感覺稍微好了一些。我想，要是霍金斯能夠放開我的手，我也能夠自己走路了，雖然我始終都不敢這樣跟他說。

我們就這樣繼續走著，道路上車輛越來越多。很多人忙著駕駛馬車來來回回，不少農民推著手推車將貨物推到集市上去售賣。過了一陣子，一輛叫賣小販的馬車過來接我們，霍金斯與那位司機討價還價了一番，最後載著我們繼續向前走。

當我坐在車的後面、雙腳懸空的時候，內心又充盈著快樂。我看到了道路似乎正在車輪的後面不斷倒退。這是一個

溫暖的早晨，道路上堆著一層厚厚的白色灰塵，灰塵與綠色草地的味道都讓我內心愉悅，美麗的鄉村景色以及各種傳到耳邊的聲音都讓我感到開心。我們在兩邊的灌木籬牆上行駛了一段時間。當我看到了一些房子有五道柵欄門之後感到很興奮，在經過這些柵欄門之後，我看到了兩邊的農場。最後，我們來到了巴奈特，也就是集市所在的地方。

這座村莊顯得非常明媚與整潔，狹窄的街道兩邊聳立著紅磚建築，白色的鵝卵石街道在陽光的照射下反射著光芒。我們在小屋前面下了車。我認真地搜尋著那裡是否有綠油油的草地，但我沒有找到。霍金斯催促我們沿著田野走過去，因為集市已經開始了。集市上搭建著密密麻麻的帳篷，很多人在這裡走來走去。這裡傳來了一陣陣音樂聲、喊叫聲以及售賣廉價霜淇淋的小販發出來的聲音。

「嘿，大家走快點！」霍金斯用可怕的聲音命令道，「快點穿上棉絨內衣褲，穿上你們的夾克，否則我就給你們好看。」

我們在一個小帳篷裡以瘋狂的速度穿好了服裝，接著霍金斯將我們帶到了一個更大的帳篷，並且要求我們立即開始跳舞。我們聽到他在外面大聲叫喊的聲音，他的聲音甚至掩蓋了人群發出的喧鬧聲。「快來看了！快來看了！這裡有樂倫木屐舞表演看喲！」幾個人進來了帳篷，接著又有一些人進

來了，最後帳篷裡全是人，很多人都在走來走去。

　　我覺得跳舞真的很累人。我每次抬起雙腳的時候都覺得疼痛，我的胃部因為飢餓而在咕咕作響。但是，我一秒鐘都不敢停下來。我就是在這個炎熱且空氣不流通的帳篷裡不停地跳著舞，因為帳篷門簾上的那個人始終用可怕的眼神看著我們。當我們想要歇息的時候，霍金斯那張紅臉就會露出來，死死地盯著我們。我們看到他的手裡緊緊握著那根棍子。

　　我們一刻不停地跳著舞，帳篷裡越來越熱，很多發出笑聲的人走進來了，看著我們跳了一下，之後就走出去了。最後，我的呼吸變得短促起來，我的頭感到陣陣暈眩，眼前看到的事物似乎變得越來越大，接著又變得越來越小，這一切都讓我感到極為困擾。接著，我眼前變得一片漆黑，我想我肯定是暈倒過去了。因為霍金斯不停地搖著我，然後對我說：「你這小子好啊，真是太任性了，等著吃我的棍子吧。」

　　醒來之後，我又繼續跳舞。但是我再也看不到任何人了，我只是機械地跳著舞，希望等到有人喊停止的時候。

　　就這樣過了好久好久。當霍金斯走進帳篷裡的時候，帳篷裡面已經涼快起來了，已經沒有任何人了。霍金斯走過來用肩膀扛著我，我的大腦也清醒了許多，我知道自己再也不需要跳舞了。我身上的肌肉真的是太疲憊了，我就呆呆地坐在地板上，用恐懼的眼神看著霍金斯用手帕擦拭自己的臉。

「你們這些該死的傢伙！」他咆哮著對我們說，「我跟你們說了多少次了，在跳舞的時候要露出笑容。看來我要打你們很多次才行。」我們都顫抖起來了，「但是我不會打你們。」在經過了一會可怕的停頓之後，他說：「我們現在就要去那裡的小屋，去吃麵包與乳酪。」

他再次抓住我的手，我們拖著疲憊的腳步來到了那間小屋，一個光線充足、非常乾淨的地方，地板上鋪著一些鋸屑。屋子裡面坐滿了人，當我們走進去的時候，他們發出陣陣歡呼。

「這就是樂倫木屐舞蹈隊，他們過來跳舞是為了麵包與乳酪的。」霍金斯用愉悅的口吻說。接著，他看了一眼酒吧的女侍者，後者點了點頭，這個地方就清理出空間讓我們繼續跳舞。

我極度疲憊的大腿幾乎根本抬不起來了，跳了一下都差點要跌倒了。在霍金斯那雙可怕的眼睛注視下，我只能強打精神，在恐懼中喘著氣，但我真是累得無法繼續跳了。最後，我停了下來，靠在一個吧檯上休息。霍金斯想要過來找我，而我則發出了一陣哭聲，不禁向後退。我感覺到有人用溫暖的手臂抱著我，是那位女侍者抱著我。當我看著她那個紅紅的臉頰是如此之近的時候，我再次在她的肩膀上哭了起來。

「可憐的傢伙，你是太累了。」她緊緊地抱著我，不讓霍金斯過來將我抱走。「他不應該繼續跳舞了，應該吃點麵包與乳酪。」

「他只是一個任性、忘恩負義的人！」霍金斯說。但是女侍者似乎根本不在乎霍金斯說的話。她將我抱到了吧檯後面，遞給我一杯可能是烈性酒之類的飲料，接著遞給我一塊麵包，當時的我實在是太疲憊了，根本都沒力氣吃。之後，霍金斯將我帶到了集市上，憤怒地抓著我的手臂。他將我帶回到我們之前穿衣服的帳篷裡，就讓我待在那裡。

「等我回來之後，看我怎樣收拾你。」他憤怒地說，接著將他那張紅臉向我這邊靠近，「我說過要打你一頓就會打你一頓，我之前一直對你太好了，你給我乖乖待在這裡，等著我回來。」

霍金斯說完這些要打我一頓的可怕話語之後就走出了帳篷。我聽到他在其他的帳篷裡大聲喊叫著，要求他們為晚上的表演做好準備。「進來看看喲！進來看看喲！這裡是樂倫木屐舞蹈團！門票只要 1 便士！」

我感覺自己處在一個極度痛苦與悲慘的境地，內心的恐懼讓我的整個身體都在顫抖，即便是在我如此疲倦的情況下，恐懼的心理依然讓我無法入睡。我在黑暗的角落裡呆坐了很長一段時間，身體在不停地顫抖，時時刻刻都在擔心著

霍金斯隨時會回來打我一頓。於是，我匍匐著身子，沿著帳篷的一個裂縫爬了出去，然後不顧一切地跑到聽不到他聲音的地方。

當我走到了人群的邊緣時，我以自己最快的速度不停地向前跑。

第四章　未知與恐懼的世界

第五章

向著陽光奔跑的少年

我與一隻羊的偶遇；我成為一個偷竊白蘭地捲餅無
法無天的小偷；我讓一位老實巴交的農民感到無比
困擾。

　　我在黑暗中盲目地跑了很長一段時間，我根本不在乎自
己要往哪個方向去，只是希望能夠逃出霍金斯的魔爪。當我
匆忙地穿過田野，跑到大門口下面的時候，我怦怦的心跳幾
乎讓我整個人都搖了起來，直到最後我來到兩個灌木籬牆中
間的角落裡，感覺自己再也沒有繼續向前走的力氣了。我
盡可能地蜷縮著身子，緊靠著灌木籬牆，然後就直接躺在那
裡。我覺得此時的自己是隱祕與安全的。在我入睡的時候，
內心感到非常滿足。

　　第二天早上醒來的時候，我被一陣有趣的嗖嗖聲喚醒
了，看到一頭古怪的動物正在用好奇的眼睛盯著我看。這是
一隻羊，但是我之前從未見過羊是什麼樣子的。我覺得這就
是母親之前跟我說過的那隻體型巨大的動物。我看到這隻羊
的舌頭舔著鼻子，接著這隻羊就舔我的臉龐。這種黏糊糊的
感覺讓我感到很震驚，我大聲地喊了一下。

　　這隻羊聽到我發出聲音之後，鼻子立即「哼」了一聲。
接下來，我們就這樣長時間地看著對方。這是一個陽光明媚
的早上，小鳥在灌木叢林中唱著歌，要不是我實在太餓了，
內心實在太不安了，還有就是擔心這隻羊還會再次舔我的

話，那麼我肯定會對這樣的情景感到非常高興。畢竟擺脫了霍金斯的魔爪，我重新得到了自由。

除了這隻羊，我還看到一個女人的手臂裡抱著一個大桶，另一隻手抱著一張三角椅。她看上去對這隻羊毫無恐懼心理，輕輕地拍打了一下羊，這隻羊看起來很溫順，就這樣乖乖地站著。接著，這個女人就坐在三角椅上，開始擠奶。這是我當時見過的最讓我感到困惑的事情了，我走到她身邊，看著白色的液體落在水桶的底部，發出滴答的聲音。當她見到我的時候，不禁嚇了一跳，驚訝地叫了起來。

「你怎麼了！」她張大嘴巴說。我肯定成了這個農場裡一個讓人覺得非常古怪的存在，因為我是一個非常瘦小的孩子 —— 當時的我大約只有十歲左右，但我的身形要比這個年齡層的孩子更小一些 —— 我穿著天鵝絨內衣，還有一件圓領夾克，上面還有一些金銀線織品的裝飾。

「你是哪裡人呢？」她問。

「我來自倫敦，我是一名演員。」我鄭重其事地說，「妳正在做什麼？」我邊說邊指著那個水桶。

她哈哈大笑起來，然後看著我。我想她肯定是知道我很飢餓，於是她就將水桶放在我的嘴唇邊，我品嘗著新鮮又溫暖的羊奶。我喝下了每一滴羊奶，感到非常高興。我之前從未喝過這麼好喝的羊奶。

「你餓嗎？」她問我。我非常認真地對她說，我已經將近一個星期都沒有吃過東西了。她聽了之後非常震驚，於是將水桶放下來，繼續擠奶，接著又遞給我很多羊奶喝。她匆忙地完成了擠奶的工作，就將我帶到了農場的廚房裡。這是一個光線充足的地方，牆上掛著許多發出光亮的盤子，還散發出煮東西的香味。

至於我跟這位農民的妻子說了自己什麼樣的故事，我實在是記不清了，但是她將我抱在懷裡，說：「可憐的小傢伙！可憐的小傢伙！」她一邊說一邊撫摸著我瘦削的手臂，我扭動著身體，因為我不喜歡這樣被人憐憫的感覺。更重要的是，我看到了餐桌上擺放著早餐，希望她能夠留一些給我吃。當她讓我坐在餐桌前，我根本壓抑不住肚子的飢餓，想要好好地吃一頓。讓我驚訝的是，她在我的脖子上套了一塊餐巾。

這是一頓非常豐盛的早餐 —— 有燕麥粥、燻肉薄片與果醬。之前擠奶的那個女人正在切著硬皮面包，然後在麵包上塗著奶油。但在我還沒來得及吃上一口的時候，農民就進來了。他是一個喜歡虛張聲勢的人，一見到我，他就開始用很高的嗓音問我。

「孩子，你是哪裡人？」他問。

「先生，我從集市那邊過來的。」我回答說，我一心只想

著快點吃東西，根本沒有想著要怎麼回答。

「哦，瑪麗，這就是我之前跟你說過的木屐舞蹈團了。」他說，「給他早餐吃吧，等我待會去村莊的時候，我順便將他帶到他主人那裡。」

一想到這位農民即將要把我帶回給那位我差點遺忘掉的可怕的霍金斯那裡，我就感到極度恐慌。我坐在椅子上顫抖了一下，在他們兩個都沒有伸手抓住我的時候，我立即從椅子上跳了下來，沿著廚房的方向飛奔出去，穿過了農場與大門。在飛奔的過程中，餐巾在我的脖子上飛來飛去。當我走回到街道的時候，我才氣喘吁吁地停下了腳步，看看是否還有人在背後跟著我。

我在大街上晃悠了一陣子，每走一步都覺得肚子越來越餓，為自己失去了剛才那一頓豐盛的早餐而感到無比後悔。接著，我看到了一個手裡拿著白蘭地捲餅的女孩，她是一個圓臉的小女孩，雙手正在梳著辮子，正在門口走來走去，哼著一首歌，一點點地咬著曲奇餅。其他人已經走到了她身旁附近的門柱上。我停下了腳步，用渴望的眼神看著他們以及這個女孩。雖然我真的很想過去向她要一點東西吃，但我最終還是不敢。她用圓圓的眼睛看著我，沒有說一句話。

於是，我們就這樣彼此眼對眼地看著，直到她最後做了一個鬼臉，向我伸出了舌頭。接著，她將嘴巴張得大大的，

將那一塊白蘭地捲餅放入口中。這樣的挑釁實在是太過分了，我向她大聲吆喝了一下，衝到她身邊，搶走了她手中的那塊曲奇餅。她從大門邊上摔倒了，發出讓人震驚的吼叫。在聽到她的吼叫之後，一隻毛髮蓬鬆的狗跳了出來，我手裡緊緊地握著這塊白蘭地捲餅，慌張地逃走了。

我慌張地拔腿就跑，那條狗也緊緊地跟在身後。我的耳旁充斥著這條狗發出的可怕吠聲。我在街道上轉了一個彎，看見一位農民的馬車正在緩慢地前行。那條狗正在我的身後緊緊地追趕著。我回頭看了一眼這條狗，牠有著一張紅色的嘴巴以及一條紅色的舌頭。我耗盡了身體最後一絲力氣，爬上了這輛馬車的車尾，然後躲在馬車裝載的粗麻布裡面。

我就躺在堆積的綠色蔬菜形成的陰影當中，將那塊白蘭地捲餅吃得連渣都不剩。接著，我聽到了那個農民對那條依然緊跟著馬車的狗大聲斥責，因為這條狗依然在馬車後面不斷地吠叫著，直到這位農民下車，用鞭子將這條狗趕走。接著，馬車繼續向前走。我吃了幾根蘿蔔以及一個生馬鈴薯，還實驗性地吃了幾口南瓜與葫蘆，最後終於填飽肚子了。我在一大包的生菜中間蜷縮著身子，然後睡著了。

馬車突然停了下來，這讓我瞬間驚醒了。我聽到了農民正在忙著拴住馬匹，接著友好地問候其他說話粗魯的人。我不知道該怎麼做，只是繼續那樣靜靜地躺著，直到我聽到那

位農民幾乎是在我頭上的位置大聲說話。

「我將這些最好的蔬菜送到市場去賣。」他自豪地說，說完接著將覆蓋著我的粗麻布拉下來，我突然站了起來。

這位農民簡直是驚訝到了極點，他目瞪口呆地站在那裡。而站在他身邊的人都在哈哈大笑。我從蔬菜堆裡爬出來，走到了馬車的邊緣，然後鑽進了科芬園市場的人群當中。馬匹、驢子、馬車、男人、女人以及孩子都在這裡走來走去，人流非常密集。在街道的兩旁堆滿了各式各樣的蔬菜以及好吃的水果。喧鬧聲中夾雜著笑聲、喊叫聲以及小販的叫賣聲。

我迅速地跑開了，為自己置身於這樣的熱鬧環境中而感到快樂，我很高興再次回到了倫敦。之後，我幫一個人將蔬菜從馬車上卸下來，他遞給我 1 便士。我走出了科芬園市場，沿著外面骯髒的鵝卵石大街走去。這裡有一個我之前玩過的手搖風琴。我遇到了一個售賣廉價霜淇淋的小販，就用 1 便士去買了一個。當我坐在路邊，晒著太陽，吃著霜淇淋的時候，覺得自己就像地主那樣富有。

第五章　向著陽光奔跑的少年

第六章

與母親相依為命的日子很溫暖

> 我再次回到了家；我習慣了餓著肚子上床睡覺；我
> 與父親的不期而遇。

在溫暖的陽光照耀下，我坐在路邊吃著用 1 便士買來的廉價霜淇淋，我感覺過去所有美好的夢想又重新回到了我身上。我想像著自己成為一個富有且著名的人，在舞臺上對著臺下歡呼雀躍的觀眾鞠躬致意，戴著一頂高高的絲質帽子，手持著一根拐杖。我還想著要買好看的絲質衣服給母親。

這是一條崎嶇不平且很髒的街道，站著很多衣衫襤褸的孩子，很多駕駛著廂式貨車的司機都在一邊駕駛一邊咒罵著這裡的路況是如此之差。但是，這樣的冷酷現實並不能影響我想要實現的夢想，永遠都不可能。

當我將手指上殘留的最後一滴霜淇淋都舔乾淨之後，我站起身，大搖大擺地走著，用倨傲的態度揚了一下眉毛。想要用俯視的眼光去看身邊那些束腰帶都到我的眼睛位置的人，這是很困難的，但我最後還是做到了。接著，我站在一群人身後，模仿著他們的行為自娛自樂，直到我聽到一個手搖風琴發出的聲音，就往那個方向走去，與其他的孩子一起跳舞。

那天早上，我充滿了冒險精神，內心感到愉悅，沒有一絲的煩惱。我在倫敦沒有食物、沒有住所、沒有朋友，那又如何呢？我根本不會去想這些事情。

在這天下午的時候，我已經閒逛了很長一段路。我感到肚子越來越餓，這開始澆滅了我原先樂觀的精神。在麵包店的窗戶前，我拖著疲憊的雙腳在這裡駐足，大街上那些水果攤給我極大的誘惑。天色漸漸暗下來了，煤氣燈也亮起來了。我再次覺得自己是這麼的渺小與孤獨，真的很想痛哭一場。大街上到處都是邁著匆忙腳步、急著要回家的人 —— 提著購物籃的女人、長相粗獷的男人都在趕著回家。根本沒有一個人注意到我的存在。我只是一個衣衫襤褸無比飢餓的孩子，這樣的孩子在當時的倫敦可以說數以千計。

最後，我在一家麵包店的櫥窗邊駐足，看著裡面的蛋糕與小圓麵包，真想將所有這些糕點全部吃掉。我在櫥窗邊站了很久，很多過來的人都會擠到我，直到一個女人在我身邊停下腳步，認真地看著我。她的裙子與鞋子重新帶給我希望。我抬起頭，竟然是我的母親！我的母親！

我一把抱住母親的膝蓋，然後大聲尖叫起來。接著，我感覺到母親用手臂緊緊地抱著我。她彎下身子，我們兩個一起啜泣著。我的母親，我親愛的母親，我們最終還是團聚了。母親並沒有拋棄我，她從來都沒有將我遺忘，她比過去任何一個時候都更加想要見到我。我緊緊地抱著她，再也不想離開母親。我的身體一直在顫抖，我一直在啜泣。雖然母親也不高，但她將我背起來，然後我們一起回家。

母親沒有住在演員之家了，她在金斯頓巴勒莫露臺那裡有一所非常簡陋的小房子——這個房子要比那位可怕的霍金斯讓我居住的房子好一些——但在我看來，能與母親一起住在這裡，簡直就是天堂。我抱著母親很久，當她想要將我的手臂從她的脖子上拿開的時候，我都會發出歇斯底里的哭聲。當母親安慰我的時候，我們都會一起哭，一起笑。

　　父親與雪梨都沒有住在這裡，他們也根本沒想過要與我們團聚似的。當我坐在母親的大腿上吃著小圓麵包、喝著茶水的時候，母親說他們都不知去哪裡了，我只是保持沉默。在我與霍金斯一起出去的時候，雪梨就已經出海了。母親收到了雪梨留下的一張字條，字條上說他在一艘前往非洲的大船上擔任乘務員，並且承諾在回來的時候一定會買好看的禮物以及帶很多錢給她。自此之後，母親就再也沒有收到雪梨的消息了。

　　母親用她那雙小手幫我脫下衣服，這總是讓我想起小鳥的爪子，接著母親把我抱到床上，幫我蓋被子，就像我之前經常夢想的場景一樣。母親柔軟的頭髮落在枕頭上，我很快就進入了夢鄉。能夠再次回家，我的心充盈著無限的幸福。

　　第二天，天還沒亮，我就起來了。我看到母親就坐在一盞燈前縫衣服。在這之後的幾週裡，我所有關於母親的記憶都是母親坐在一盞燈前縫衣服的情景，她有著一張清瘦但好

看的臉，眼睛的周圍有著黑眼圈，她經常彎著腰工作，但是她雙手的動作卻是非常快。她的身邊始終都有很多要縫製的衣服，一些是已經縫好的，一些是尚未縫好的，這些衣服都放在桌子與床上。母親從來都不會停下手中的工作。當我在晚上醒來的時候，我看到母親在油燈下縫製衣服，在白天的時候，她依然在縫製衣服，幾乎連停下來吃飯的時間都沒有。當母親將這些衣服都縫製好了之後，我就將這些衣服送到工廠，然後再帶著更多的衣服回來讓母親縫製。

我時常手裡抱著很多衣服，沿著又長又暗的樓梯走到工廠閣樓上，然後看著一群男的認真檢查這些褲子或是將帽子放在頭上戴戴試試效果。他是一個圓滑的胖子，手指上全帶著戒指，他經常會指出哪些線沒有縫好，接著說褲子上某些地方還有問題，但簡單來說還算過得去。不過，他總要克扣一些錢。我的母親要縫製六條褲子才能得到半英鎊的報酬，即便是每週從不間斷地工作，她也只能賺到 5 先令。

我也會想盡一切辦法去賺點錢交房租，或是到市場那裡與賣菜的人討價還價。我買了價格為 2 便士的肉以及 1 便士的調味料，做了一個燉湯。有時，我也會買一些不是新鮮出爐的麵包。有時，我會氣喘吁吁地走上樓梯，從口袋裡掏出許多零錢，然後將這些錢遞給她拿來交房租。因為我一直用手緊緊地握著這些錢，因此這些錢都是熱的。母親見狀就會

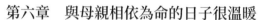

笑起來，然後親吻著我，說我做得不錯。

　　煮一次燉湯能夠讓我們吃一個星期。現在，我才知道在那個時候，母親只是假裝做出要吃飯的動作，以便讓我能夠吃得更多一些。那段時間，我肚子總是非常餓，經常做夢都會夢到蛋糕與小圓麵包，但是與母親在一起生活的日子真的很快樂。有時，我會幫別人跑腿，賺上 1 便士。之後，我便會驕傲地將這 1 便士交給母親，買一些小圓麵包或青魚吃。但是，當我不在家的時候，母親也會感到不安。當她在縫製衣服的時候，希望我能夠坐在她身旁大聲朗讀一些故事，因此我並沒有經常離開母親的身邊。

　　在這段時間裡，母親非常急切地想讓我認真學習，她之前已經教過我怎樣去閱讀了。現在，當她在縫製衣服的時候，就會跟我講一些歷史相關的故事以及關於其他國家、人民的故事，告訴我怎樣去繪製世界地圖。有時，我們也會玩一些拼寫遊戲。有時，母親讓我連續幾個小時為她大聲朗讀《聖經》，這也是我們當時唯一擁有的一本書。但在絕大多數的時候，母親會教我怎樣表演。我在模仿方面很有天賦，她就讓我模仿在大街上見到的每一個人。我非常喜歡這種模仿遊戲，經常會自己排演一些小劇碼，表演給母親看。

　　我還記得自己第一次上舞臺表演以及第一次賺錢的場景，我想要重新回到音樂廳那裡去表演，但是母親一聽到我

提出這個想法就表現得很憤怒。她人生中最為痛苦的記憶都是發生在音樂廳裡的。她希望我向她保證，以後再也不要參加什麼表演。其實在當時，我也根本無法去表演，因為有法律規定，十四歲以下的孩子是禁止在舞臺上表演的。當時的我才只有十一歲而已。

母親的身體越來越消瘦了，看上去越來越憔悴了。有時，她會抱怨自己的頭很痛。她那美麗的頭髮就像是長長的精緻絲綢，上面編織著很多毛線，看上去就像銀子那般閃亮。我很喜歡看母親在晚上梳頭髮的情景。不過，母親始終對我很好，我也很喜歡母親。我簡直不敢想像沒有了母親在身邊，我的人生會變成什麼樣子。我所有的夢想與希望都只是讓母親過上幸福的生活，買很多好看的衣服給母親，帶她到鄉村的某個地方安靜地休養，讓她什麼事情都不做，只是與我一起玩耍。

一天，我從工廠回來，手裡緊緊握著得到的錢，經過了一個酒吧。我之前從來都沒去過酒吧，也從來沒有想過要去酒吧。但在這一天，不知是為什麼，某種東西促使著我走進去看看。我走到了不斷旋轉的大門邊，思考著到底要不要走進去看看。最後，我忐忑地推開大門，走進去看看。我看到在一張小桌子上，一個背影熟悉的人正在與其他人喝酒，這個人就是父親。

第六章　與母親相依為命的日子很溫暖

第七章
再孤獨無助也要尋找出口

> 我最後一次見到我的父親；我明白了真正的悲劇是
> 沉默；勇敢地闖蕩這個世界，找尋自己的道路。

當我看到父親在那裡喝著酒的時候，我大為震驚。一見到他，我的身體不禁顫抖了一下。父親的容貌發生了很大的改變，他原本憂鬱帥氣的臉變得通紅，看上去腫脹鬆弛，他的眼睛都充血了。他一開始並沒有看到我，與他在一起喝酒的人似乎在用手推著父親，父親正大聲地說著話，但我只聽到了「醫院」這個詞。當父親用手重重地錘擊吧檯的時候，我看到了他的手在顫抖。接著，某個進來的人將我推向前，父親看到了我。

「大家過來看看！這是我的兒子！」父親大聲地說，「都怪我，這個小傢伙這麼久了都還沒有長高一英寸，快點來爸爸這裡。」

我走向吧檯，雙手緊抱著那個包袱，看著父親。父親顯得很興奮，吆喝著酒吧裡的其他人過來看看我，然後吹噓我跳舞是多麼厲害。父親一把將我抱到吧檯上，大聲地說：「我的兒子，展示一下你的舞蹈給大家看！」接著，大家開始熱烈地鼓掌。於是，我就為他們跳舞。我模仿了每個人的行為舉止，酒吧裡爆發出陣陣歡笑。

「有其父必有其子啊！」他們都大聲地說，「不愧是小查理・卓別林啊！」

父親對我的表現感到非常自豪，就讓我一直這樣跳下去，直到最後我有點累了。此時的我想起了母親還在家裡等著我，於是，我就從吧檯上走下來，撿起了之前放在地上的包袱。

　　「不喝杯酒就走了？」父親大聲地說，說著就將他的酒杯遞給我，但是我將酒杯推到一邊，我並不喜歡酒味。父親似乎被我的舉動傷害，他一下子就發起怒來了。他將那杯酒一飲而盡，然後用酒杯敲著吧檯。我再次看到他的手在顫抖。

　　「他就跟他的老媽一個樣！」父親惡狠狠地說，「雖然我是他的父親，但他還是不賞我的臉。他老媽從小就是教他這樣對待父親的。」

　　「不是這樣的。」我憤怒地大聲說，「母親從來都沒有說過你什麼壞話。」

　　「哦，她沒有說過我的壞話？」父親不屑地說，但是他的嘴唇在顫抖。他滿臉怒容地盯著吧檯，手指用力地敲打著吧檯，接著用疲倦的眼神看著我說：「好吧，跟我一起回家吧。」他說，「我以後會好好照顧你的，讓你在舞臺上有一個全新的開始，讓你穿好看的衣服，不需要像現在穿得這麼破爛。你要相信我能夠做到的。無論別人怎麼說我，我還沒有完蛋，你願意跟我回家嗎？」

　　「不！」我說，「我想跟媽媽在一起。」

「那我們就走著瞧吧！」父親憤怒地大聲吼道，他一把抓住我的手臂，然後不停地抖動著，「你必須要跟我回家，你聽到了沒？」父親用憤怒的眼神看著我，我用恐懼的眼神看著他。

「你弄痛我了！我想回到媽媽那裡。」我大聲地說。

父親一把抓住我，接著又無奈地將我放開。「好吧，快點滾回你媽媽那裡吧。」他說，「那不是人過的日子。」接著，他突然抓住我的手，將一枚一磅的金幣放在我的手上。我立即躲到人群當中，逃到了大街上，想要將這些錢帶回給我母親。

第二個星期，我與母親都在家裡坐著，母親正在家裡縫製衣服，而我在費力地拼寫著閱讀過程中遇到的一些長單字。女房東氣喘吁吁地走上樓梯敲了門。

「妳的丈夫生病了，現在躺在醫院裡。」她對母親說，「他派人送來口信說，希望能夠見到妳。」

母親的臉色立即變得蒼白，迅速起身戴上軟帽，而我為母親拿起了長外衣。母親親吻了我一下，告訴我要注意一下燉湯的火侯，一定要乖乖地在家等她回來。說完，母親就出門了。

母親走後，整個房間似乎彌漫著一種恐懼的氣息。我無法將「醫院」這個詞語從腦海裡趕出去，因為倫敦所有的窮

人都害怕任何與「醫院」一詞沾邊的想法。我在房間裡走來走去，透過窗戶看到球場外面有飢餓的貓以及一面磚牆，直到光線越來越暗。我吃了一小碗燉湯，留下了一些給母親，就懷著痛苦的心情上床睡覺了。

在半夜的時候，母親將我搖醒。我看到母親的臉色就像之前那樣容光煥發。

「哦，我親愛的。」母親抱著我大聲說，「一切都會好起來的，我們將會再次過上幸福的生活！」母親將我晃來晃去，接著抱著我，她的頭髮在我的臉上滾動。接著母親對我說，等父親的身體好了之後，我們將會離開倫敦，一起前去很遠的澳洲。母親說，我們將會在那裡的鄉村買一座農場，在農場裡放羊，我可以擠奶，有羊奶、雞蛋可以吃，她就會做奶油，父親以後再也不會喝酒了。母親一口氣說了很多話，她流出的溫暖淚水落在我的臉上。

最後，母親將我放在床上，她一邊梳頭，一邊哼著一首歌曲，對著一面很小的鏡子露出了微笑。

「我希望我的頭髮能像以前那樣棕黃。」母親說，「看到頭髮變白，這實在讓我感到傷心。在鄉村生活的時候，我肯定會變胖的。你還記得你父親以前是多麼英俊多麼有趣嗎？哦，那樣的生活是不是很有趣啊？」母親關了燈，我們在黑暗中談論了很久，母親跟我說了一些我小時候發生的有趣事

情，問我是否還記得這些事情。

之後，母親每天都要去醫院看望父親。她再也沒有縫製衣服了，她為父親買了一些鮮花以及水果，為我買了一些蛋糕。晚上，當母親幫我蓋被子的時候，她的臉上充滿了希望的光彩，我能夠再次聽到母親發出笑聲。我記得最近這段時間母親都已經沒有笑過了，此時的我們母子倆都感到非常快樂。

一天，母親邁著緩慢沉重的步伐回家了。當我看到母親的臉 —— 一臉蒼白，嘴唇甚至有點藍色的暗影時，內心猛地顫抖了一下。我驚恐地跑到母親身邊，把她扶到一張椅子上坐下。母親安靜地坐在椅子上，一開始沒有回答我的問話，接著她有氣無力地說：「他死了，他死了。我到那裡的時候，他就已經死了。這是不可能的，但是他死了。」

我的父親在昨夜突然去世了，我們都不知道該怎樣去安排葬禮。母親似乎對此很茫然，因為我們根本沒有什麼錢了。一些人過來了，跟她談論了一些事情，但音樂廳的人似乎會做好葬禮方面的安排。接著，某個人站出來對此表示反對，並且願意自己負責葬禮方面的事情 —— 我猜想這人可能就是父親的姐姐吧。

接著在某天，母親與我都穿得很莊重，前去參加葬禮。這是深秋寒冷的大霧天，雨點緩緩地落下來。在墳墓的一端

站著一個清瘦的女人，她緊閉著嘴唇，母親與我則站在墳墓的另一端。母親驕傲地抬起頭，沒有流一滴眼淚。但是，她握著我的手卻是冰涼的。音樂廳的一些人搭乘馬車來出席葬禮，一些人還帶來了鮮花。當棺材慢慢降落到墳墓裡面的時候，之前那位面容冷峻、清瘦的女人將一些花朵扔了下去。母親看著她，她也用冷漠的眼神看著母親。我們手上沒有鮮花，但是母親從我的口袋裡掏出了一張小手帕，這是母親之前給我的小手帕——手帕上面還有繡花的鑲邊，這讓我很自豪——然後將手帕遞給了我。

「你將手帕扔進去吧。」她說。於是，我將手帕扔進了墳墓，看著手帕在慢慢地掉落。母親感到如此之悲傷，這也讓我的心都要碎掉了。

接著，我們母子倆回到了之前那個冰冷的房間。一回到家，母親就立即開始縫製衣服。

我們沒有說話，我也沒有繼續學習。當我大聲朗讀的時候，母親似乎也根本沒有聽進去。因此，在讀了一陣子之後，我就停下來了。母親整天都安靜地坐在椅子上，縫製著褲子。我到大街上找著一些跑腿的差事，然後賺了錢回家做燉湯，想讓母親吃點東西。母親說她不想吃東西，因為她的頭很痛，她希望我多吃點。

此時，我到處尋找一些能讓我賺到錢的工作，但始終沒

有找到。我的身形又小又瘦，很多人都覺得我做不好事。我只能偶爾賺到幾便士，卻學會了在街道生存的法則。我希望自己能夠長高一些，不再需要穿得這麼寒磣，我想要盡快到舞臺上表演，我肯定自己能夠在舞臺上賺到錢。

一天，我回到家，發現母親正躺在椅子旁邊的地板上，臉色蒼白，身體冰涼，嘴唇發藍。我用力搖都搖不醒她，我一邊下樓梯一邊大聲尖叫著喊女房東過來幫忙。女房東進入房間，我們一起將母親扶到床上。過了一會，教區的醫生過來了 —— 這是一個個子不高的人，但顯得很忙碌 —— 他抿了抿嘴，然後搖著頭說：「要立刻送到醫院去，她的病情很嚴重。」

馬車過來了，他們將我的母親送去醫院，母親的臉色依然蒼白，身體冰涼。母親的身體沒有動一下，也沒有跟我說話。當母親最終被送走之後，我坐在樓梯的頂部，大腦一片空白，處於一種極度無助的痛苦情感當中。我想到了他們埋葬我父親的墳墓，內心泛起了自己以後可能再也見不到母親的可怕念頭。過了一會，女房東提著一個掃帚上來了。

「好了，好了！」她故意為難我說，「我還要繼續出租這間房子，這是一個不容易混的世界，真是可憐的女人啊！你也知道，你以後不能繼續住在這裡了。」

「我知道，我有其他地方可以住。」我故作堅強地說，好

讓她看不到我現在的處境是多麼悲慘。我與她走進了房間，四處看了一下，除了一把梳子與一個領結，我什麼都沒拿。我將這兩樣東西放在口袋裡，接著走出了房門。

當我下樓梯的時候，女房東在上面對我說：「你知道，如果可以的話，我會讓你繼續在這裡住下去。」

「我知道，但我現在能夠照顧自己。」我說。我將手放在口袋裡，吹著口哨走出了大街，向她展示我並不需要任何人的憐憫。

第七章　再孤獨無助也要尋找出口

第八章
迷途少年的堅強活法

> 我在一個橡木桶裡找到了自己的住所，卻發現我侵
> 占了別人的領地；我對犯罪方面的事情有所了解；
> 我忘記了要去分享不法得到的利益。

這是初冬時節一個溼冷的晚上，我走在大街上，寒冷的雨水打在我單薄的衣服上，我在想著該去哪裡找尋可以落腳的地方。也許在美國，一個無家可歸、飢腸轆轆的十一歲孩子能夠找到朋友，但在倫敦，我只是數以千計可憐的孩子中的一員。像我這樣無家可歸的孩子實在是太常見了，人們早已習以為常了。當他們經過這些孩子身旁的時候，所想的幾乎都是自己的事情。

我漫無目的地走了很久，看著一個個煤氣燈發出微弱的光線，這些光線在溼漉漉的地面上反射著光芒，我再也沒有心情吹口哨了。一想到母親，我就覺得喉嚨有點痛，我是如此的可悲與孤獨。最後，我找到了一個倒在地上的木桶，街道上還有一些被雨水打溼的草。我收集了一些溼草，然後蜷縮著身子鑽進去，聽著雨聲在木桶上面敲著。

過了一會，我肯定是打瞌睡了，因為我被某些爬入木桶的東西驚醒了。我想這可能是一條狗，於是就伸出手，內心既感到害怕又為自己終於有伴而感到高興。但我發現這是另一個男孩。

「你好！」他說，「你來這裡幹嘛？這是我的家啊！」

「我不在乎，我就在這裡，我就要待在這裡。」我說，「不管你怎麼說，我都會待在這裡了。」

「哦，你怎麼這麼不講道理。我待會就狠狠地揍你一頓！」他說。

「我不會走的，即便你打我二十拳，我都不會走的。」我堅持地說。木桶裡沒有足夠多的空間讓我們打架，而且我也肯定一點，那就是他無法將我拉出去，因為我在黑暗中觸摸到了他那溼透的肩膀，覺得他是一個比我還小的人。

在我們坐到木桶下面喘著氣的時候，他惡狠狠地說：「那好吧，一個人也不能沒有自己的家，你叫什麼名字呢？」

我跟他說了我的名字以及我是如何來到這裡的，並且向他保證第二天就會離開這裡。當他聽到我有一個母親的時候，就對此非常感興趣。他說話的語氣立即變得謙遜起來，詢問我的母親長什麼樣。他說自己從來就沒有母親，他知道自己該怎麼生存下去。

「如果你想的話，可以繼續留在這裡。」他鄭重地說，「你有沒有什麼吃的？」

我對他說沒有食物，說自己沒有找到任何可以吃的東西。

「我知道，如果有什麼東西可以吃的話，貓也會先找到。」他說，「但是，我有找到食物的方法。這一塊小圓麵

包給你吃。」說著，他遞給我一塊溼透的麵包，我感激地吃著麵包。他的名字叫史努普，他說他可以向我展示如何偷錢包，如何躲避警察以及如何惡作劇。

最後，我們蜷縮在溼漉漉的草裡睡著了，彼此達成了共識，那就是第二天我們就要到集市上偷錢包。第二天早上，我被一陣吵鬧的聲音弄醒了，就從木桶裡爬了出來，發現史努普正在木桶外面用力地踢著木桶。他是一個瘦削的小孩，年齡不會超過九歲，他穿著一件對他來說太小的破爛外套，穿著一條膝蓋上破了洞的褲子。他將帽子戴在頭的一側，一臉愉悅地吹著口哨，把手藏在外套裡面。

我們一起前往科芬園集市，史努普說，我們在那裡能夠扒竊到錢包。我看到他露出了心領神會的眼色以及有趣的舉止，我也開始吹著口哨，大搖大擺地走著。雖然我的心依然因為思念母親而感到非常沉重，但我現在的確是非常飢餓。當我們來到集市的時候，天色還很早。但是，隨著農民的馬車以及叫賣小販的貨車越來越多，集市很快就熱鬧起來了。我們在集市上逛了一圈，勤快的史努普已經在他褲子前面的口袋裡裝滿了偷來的生雞蛋，我們在附近的一條小巷裡生吃了這些雞蛋。當我們重新回到集市的時候，發現集市上已經有很多前來買菜的人了。史努普把一根手指放在鼻子上，露出了心領神會的眼神，指了指其中一個穿著黑色衣服的肥胖

女人，這個女人提著一個很大的購物籃子，手裡拿著一個很厚的皮革錢包。

「當我看到那個皮革錢包的時候，你就立即過去拿。」史努普低聲地對我耳語。我們經過人群，悄悄地接近了這個肥胖的女人。她正站在一個蔬菜攤點上，手裡拿著幾根菜，與賣菜的農民討價還價。

「3便士。」農民毫不退讓地說。

「2.5便士，不能再多了。」胖女人說，「這點菜要3便士，簡直就是搶劫啊。」我們靠得越來越近。

「這些菜本來要4便士的。」農民說，「要買就3便士賣給你，不買就拉倒。」

「2.5便士。」胖女人堅持說，「這些菜都有點乾了，就2.5便士。」史努普此時已經扒了胖女人的錢包了。

胖女人大叫了一聲，想要去追史努普，但卻摔了一跤，倒在裝雞蛋的板條箱上。那位農民立即從攤位後面走出來，將南瓜倒出來。人群一陣喧嘩，紛紛叫了起來。我趁機逃走了。

我躲在馬匹與人後面，最後走到了集市的另一邊。我看到了一個正在流著汗、大聲咒罵的農民，他正想將馬車上的貨物卸下來，同時又想將馬匹安撫好，因為此時這匹馬正在不停地跳來跳去。

「嘿，小傢伙！」這位農民叫住了我，「想要賺半便士嗎？你過來幫我看好這匹馬，我就給你半便士。」

我高興地抓住了韁繩，幾分鐘之後，我就得到了半便士與一根紅蘿蔔。我喜歡這個吵雜與熱鬧的集市，因為在這裡能夠看到很多新鮮事物。當我一邊用力咀嚼著紅蘿蔔的時候，一邊想著要回到原先的地方去等。史努普之前跟我說，他會在木桶那裡等我，跟我一起分掉錢包裡的財物。但是，集市上發生的這些有趣事情以及聲音讓我忘記了。雖然在之後的幾天裡我都在找尋他，但始終沒有找到。

中午時分，我又賺到了半便士，得到了一顆一邊有點爛的蘋果。我沒有吃這顆蘋果，因為在我以前很小的時候，母親就經常會買一些好吃的東西給我與雪梨吃。母親不在身邊的孤獨感依然深深地刻在我的心底，我決心把這顆蘋果拿給母親吃。之前帶母親走的那位教區醫生說，我可以在下午的時候到醫院看看母親。

一路上，我小心翼翼地拿著蘋果，穿過倫敦多條大街來到醫院。這是一個寬敞的地方，裡面有很多忙碌的人在走來走去。過了好久，我都找不到一個願意告訴我母親在哪個病房的人。後來，一個全身穿著黑色衣服，頭戴白色帽子的女人牽著我的手，領著我走過了很多張病床。在很多發出呻吟的病人當中，我看到了母親所在的病床。

他們已經將母親那美麗的頭髮全部剪掉了，她那很小的頭枕在枕頭上，這讓我覺得很奇怪。母親的眼睛圓睜著，露出光芒，但母親的眼神卻讓我感到恐懼。母親在用很快的語速跟自己說話。當我站在她身邊，遞給她一個蘋果的時候，她都沒有跟我說一句話。

　　「母親，母親，看看吧，我帶了這個東西給妳。」我說。但母親只是不安地將頭轉到枕頭的另一邊。

　　「還有一件！這件衣服的扣眼做好了沒？還要做九件衣服才能做成一打，接著我還要繼續做一打，才能賺到半英鎊。這些毛線花費的成本太高了。」母親自言自語地說。

　　「我的母親到底怎麼了？為什麼她不跟我說話呢？」我問那位戴著白色帽子的女人。

　　「她發燒了，腦子可能燒壞了，真是可憐的女人啊！」她說。

　　「以後她都不會跟我說話了嗎？」我問她。她搖了搖頭，說她也不知道。她的回答讓我渾身冰冷。接著，她再次將我引出病房，我回到了科芬園集市。

第八章　迷途少年的堅強活法

第九章

生活調戲了所有人，包括我

第九章　生活調戲了所有人，包括我

> 我戲弄了在科芬園集市的一名叫賣小販；我從雪梨
> 那裡得到了極好的消息；我到醫院的一次悲傷旅程。

這天晚上，我在科芬園集市上一名叫賣小販的驢子後面蜷縮著身子睡覺。在這裡睡比較暖和，但是驢子時不時發出的喘息聲卻讓我感到十分驚恐，因為我害怕驢子會轉過身將我一腳踢開。此時，我就會急忙從乾草堆裡走出去，然後到空無一人的地方走來走去。置身於陰影當中，我感到自己是那麼渺小。直到驢子再次安靜下來之後，我才靜悄悄地潛回驢子身邊睡覺。

早晨的涼意不禁讓我打了一個寒戰。此時路邊的煤氣燈在霧氣中發出黯淡的光芒，很多農民已經開始駕駛著馬車來這裡了。我在黑暗依然籠罩的集市上走來走去，詢問著每位農民是否需要我幫忙將蔬菜從馬車上搬下來，或是幫他們將馬拉好，以便賺到半便士，即便是得到一根紅蘿蔔或是一顆馬鈴薯也是可以的。這些拉馬車的馬匹體型都非常大，牠們都是擁有強大腳力的動物，牠們寬闊且充滿肌肉的胸膛比我還高。當我抓住韁繩的時候，牠們的每一次抬頭都能夠將我拉離地面。但是，我勇敢地拉住韁繩，因為當時的我實在是非常餓，心裡想的只是用賺來的半便士去買一塊小圓麵包來充飢。在陽光完全照亮集市的時候，我已經賺到了 1 便士以及一些蔬菜了。

我生吃了這些蔬菜，然後走到了髒兮兮的鵝卵石大街，很多重型的馬車已經開始駛到這裡了。我找到了一家小吃店，用1便士不僅買了兩個小圓麵包，還買了一大杯熱咖啡。當我坐在椅子上喝咖啡、吃著小圓麵包的時候，侍者將手臂靠在櫃檯上，問我來自哪裡以及做什麼工作的。

　　「我是一個演員。」我對他說。因為在我的內心深處，「我是一個演員」的想法是那麼根深蒂固。聽了我的話之後，這位侍者哈哈大笑。我匆忙地吞完了剩下的咖啡，這差點燙到了我的喉嚨。我很討厭他發出來的笑聲，想要盡快離開這裡。我將剩下的一點小圓麵包放入我的口袋，從椅子上跳了下來。但在我還沒有來到大門的時候，那位之前靠在櫃檯上的侍者手裡拿著另一個小圓麵包走過來了。

　　「給你，可憐的傢伙，拿著吧。」他用非常友善的口吻說，說完就將這個小圓麵包放入我的口袋。我允許他這樣做，但我卻感到非常困擾與憤懣。之後，我坐在集市裡的一個箱子上，吃了這個小圓麵包，但我之後再也沒有走進那家小吃店了。我討厭被別人憐憫。

　　這幾個月來，我一直生活在科芬園集市上，每天都填不飽肚子。我飢不擇食地吃著任何一個爛掉的水果或是一些不新鮮的蔬菜。有時，一些農民在吃飯的時候看著我跳舞，也會從籃子裡掏出一些麵包屑賞給我。但我卻始終都沒有覺得

自己吃飽過。來科芬園集市上做生意的都是窮人，即便是半便士對他們來說也是非常多的錢。有時即便我整天去找尋一些跑腿的雜事去做，也始終找不到。每天早上，當農民剛剛來集市的時候，這是我找到這樣工作的最好時機，但即便這樣，我一天所能賺到的可能也只是一些生蔬菜而已。

過了一段時間，市場上的人都認識我了，我得到允許可以睡在一名叫賣小販的馬車上，那裡有一堆乾草可以取暖。但我一開始只是在驢子身旁蜷縮著身子睡覺。其中一頭驢子長得特別圓又胖。這頭驢子的主人對此感到很驕傲，每天都會餵很多紅蘿蔔給牠吃，在驢子吃這些蘿蔔的時候，他又總是在一邊咒罵著什麼。我經常會用羨慕的眼光看著這頭驢子，最後我想出了一個好辦法。

當驢子剛開始大聲咀嚼著紅蘿蔔的時候，我就會在車尾處大聲尖叫：「有小偷啊！有小偷啊！快點去捉他們啊！」接著我就迅速地跑開，踢翻箱子，故意製造出一片狼藉的模樣。叫賣小販此時就會離開驢子所在的位置，想要出去捉住那個小偷。當他還在思考著到底發生了什麼事的時候，我已經神不知鬼不覺地走到驢子的另一邊，搶走了許多紅蘿蔔。這頭可憐的驢子用憤怒的眼神看著我，只能耷拉著耳朵，有時甚至會發出讓人感到恐懼的驢叫。但我只是愉悅地走開了，坐在馬車下面別人看不到的位置，替那頭驢子將這些紅

蘿蔔吃掉。

那位愚蠢的叫賣小販回來一看大感驚訝，他只能撓了撓頭，驚訝於這頭驢子的胃口怎麼這麼好。我記得這位叫賣小販每次一聽到「有小偷啊！」都會中招，每次我都能成功得手。

在這個冬天，我有好幾次都鼓起勇氣想要找與舞臺表演相關的工作，但在我沿著彌漫著霧氣、下著濛濛細雨的街道上走了很久之後，我感到渾身寒冷，意識到自己一身襤褸，領帶都變得髒兮兮的，我只好再次回到集市上。

在經過很長一段時間之後，醫院裡的人才允許我去看望母親，但是我再也不忍心去醫院看她了，因為母親已經發生了巨大的改變，看上去是那麼陌生。母親安靜地躺在病床上，當我跟她說話的時候，她根本不回答。這讓我懷疑母親是不是死了，我的內心不禁感到無比的淒涼與痛苦。有時，母親會將頭從枕頭的一側移到另一側，然後用很快的語速口齒清晰地說著褲子、很多打的褲子。她在說話的時候從來都沒有看過我，似乎根本就不知道我在那裡。我懷著滿心的痛苦離開了醫院，心想以後再也不要來這裡了。

但是，只要醫院允許我到醫院去探望母親，我還是會去的。一天，發生了一件神奇的事情。那位戴著白色帽子的護士將我帶到一間小辦公室，然後遞了一封信給我。

「一個女人從你母親之前居住的地方帶來了這封信。」她說，「我們將這封信讀給你的母親聽，但是她根本不知道我們在說什麼。於是，我們就將這封信保存下來了，準備留給你。」

護士將這封信遞給我，我滿心興奮地閱讀著這封信。

「親愛的母親，」信上的開頭是這樣寫的，「我即將從非洲回來了。我會在聖誕節那天回家，我存了 30 英鎊，我還為妳買了很好看的禮物，但我不會告訴妳是什麼禮物。告訴查理，到時候記得要去車站迎接他的大哥，我也幫他購買了禮物。我會在兩個月後回到家，地點是滑鐵盧車站，時間是晚上九點。你們到時候記得要做好聖誕節的布丁啊。希望你們一切安好。我永遠是忠誠於妳的兒子。雪梨。」

「附注：買了一條長方形的披巾給妳，還有一對耳環。但是我不會告訴妳其他禮物是什麼。」

我的心興奮得都要跳出來了，我感覺自己都快要被嗆到了。我渾身顫抖，根本無法言語。這麼長時間以來，我一直都沒有想到過雪梨的存在。現在他要回家了，而且還帶回來那麼多錢和禮物！一想到我那可憐的母親依然生病臥床，無法知道這麼好的消息時，眼淚就從我的眼眶裡唰唰地流下來了。我只能立即擦拭眼淚，不讓護士看到。接著，我看到了自己的身體是這麼髒，穿的衣服是這麼破爛，覺得自己簡直無顏去面對雪梨。

護士非常友善地跟我說了收到信件的那一天，然後再比較信件寄出來的時間，我知道雪梨在今晚就要回到倫敦了。

內心的興奮讓我渾身一顫。我懇求她讓我再見一次母親，告訴她這件事。當她們允許我的請求之後，我再也無法慢悠悠地走過那麼長的走廊了，我急切地飛奔過去。「母親！母親！雪梨就要回家了！他為妳買了好多禮物！──一條長方形的披巾以及一對耳環！」我大聲地哭著說。但這根本沒有任何效果。母親就躺在那裡，瘦削的面容顯得無比憔悴，身子一動不動，甚至連眼睛都沒有睜開。

我懷著沉重的心情，不知道該怎樣告訴雪梨發生的這一切。我走出了醫院，準備盡快前往滑鐵盧車站。

我在一個水坑旁邊認真地洗了臉與雙手，然後用乾草擦乾。接著，我找來了一些黑泥，盡可能地擦亮我的鞋子，以便讓鞋子上露出腳趾的洞不那麼明顯。接著，我再次洗了一下手，梳理了一下頭髮，整理了一下衣服上的各種褶皺，然後將帽子上露出來的破爛襯裡放在裡面，好讓別人看不見。

這花費了我很多時間，因此當我出發去滑鐵盧車站接雪梨的時候已經是黃昏時分了。我全程跑步過去，我不希望遲到，不想因為車站人多而找不到他。

第九章　生活調戲了所有人，包括我

第十章

希望背後也有悲傷

第十章　希望背後也有悲傷

雪梨回到家之後發現父親去世了，母親身患重病，根本認不出他；而我則是餓得半死，衣衫襤褸。

當我最終氣喘吁吁地趕到滑鐵盧車站時，車站的燈光已經亮起來了，其他地方也亮起了燈光。車站裡很多人進進出出，一片吵雜，這讓我感覺到非常混亂，就像我之前在科芬園集市那樣，我不知道該去哪裡，也不知道該做什麼。除此之外，這裡的人看上去都非常不同，他們穿的衣服都非常好，我再次為自己的寒磣感到羞澀，甚至懷疑雪梨在見到我的時候是否會認得我。

但是，我已經下定決心絕對不會錯過他，我鼓起勇氣詢問哪裡是火車的上下站，然後懷著興奮而忐忑的心情在那裡等待著。最後，時鐘指向了九點鐘。我沒有足夠的勇氣走上前，反而向後退了一步，將我那雙破了一個洞的鞋子向後挪了一下，認真觀察著每個下車的人，希望下一個出來的人就是雪梨。

最後，我看到了雪梨。此時的他差不多十七歲了，他穿著整潔，看上去非常健康。他戴著帽子，大搖大擺地走著，眼神似乎在急切地找尋著每一個女人。我知道，他是在找尋母親。他經過我的時候看都沒看我一眼，我看到他穿著發亮乾淨的靴子，戴著新手套的手提著一個箱子。雪梨的裝束和形象與我相差這麼大，似乎無形中將我們兩個拉開了很長的

距離，於是我就讓他經過我身邊了，不敢大聲喊住他。我就站在那裡呆呆地看著他的背影。

接著，我意識到他可能馬上就要走了，我可能會再也找不到他了。我就急忙跑過去，不顧一切地抓住他的手臂，他用不耐煩的眼神看著我。

「小傢伙，不需要幫忙。」他用嚴厲的口吻說，「我自己能夠拉這個箱子。」

他繼續沿著車站的通道走，認真找尋著我的母親。我緊跟在他身後，內心的羞愧讓我不敢再次跟他說話。雖然我衣衫襤褸，渾身髒兮兮的，但我再也不能讓雪梨離開我了。最後，他放棄了母親會前來接他的希望，徑直走出了車站，揮手招呼了一輛計程車。我站在他身旁想要跟他說話，但是在司機開門、雪梨走進汽車的時候，我的喉嚨卻似乎噎住了。此時的我再也無法繼續忍受下去了。我一把抓住門把，一臉絕望。

「哦，雪梨，難道你不認識我了？」我大聲地說，「我是查理啊！」

雪梨看了我一下，滿臉錯愕，之後才認出我來了。接著，他的臉色變得蒼白，將我拉入計程車，隨意叫司機開到某個地方。

「我的天呀！到底發生了什麼事啊？」他問。

「父親去世了，母親現在躺在教區醫院，我沒有任何可以睡覺與洗澡的地方。」我脫口而出。

雪梨沉默了一會。我看到他的臉似乎僵硬了，此時計程車在鵝卵石大街上顛簸著行駛。

「這些事情發生多久了？」他最後哽咽著說。

「大約三個月吧。」我說。接著，我盡可能多地告訴了他發生的事情，因為我要說的話太多了，因此說得有點語無倫次。要說的話太多了 —— 關於父親的去世，母親之前是怎樣每天縫製衣服，解釋我渾身這麼髒的原因，就是因為我沒有香皂洗澡，每天晚上只能睡在馬車上，還有我無法讓母親知道雪梨已經寄過來那封信。

「我這段時間一直在存錢！」雪梨用呻吟的口吻說，我看到他的雙手在顫抖。接著，他急忙告訴司機我們該去哪裡。

我坐在計程車裡，而雪梨則走下車去賓館訂房了，接著他回來，付了車費，帶著我來到了一個看似宮殿的地方 —— 這是一個套房，裡面有花邊窗簾，地面鋪著地毯，裡面還有一架鋼琴與一個壁爐。我站在幾張紙上面，然後開始脫衣服。雪梨則到浴室為我開水沖涼。這一切就像是童話故事那樣，顯得如此不真實。

「我的天啊！你簡直是每天都在挨餓啊！」當雪梨看到我瘦削的身體時，大聲叫道。他立即叫人送來一杯熱牛奶與一些餅乾。接著，我就滿心愉悅地跳到充滿熱水的浴缸裡用香皂洗澡，這裡有很多乾淨柔軟的毛巾。雪梨走出了浴室，將我破爛的衣服都打包好了。

當他回來的時候，我正穿著浴袍，在火爐旁伸展著腳趾，這是我所能想像到的最快樂的生活了。雪梨帶了全新的衣服給我，有保暖的內褲、諾福克牌的衣服以及一雙新鞋子。當我穿上這些新衣服新鞋子，梳好頭髮，在乾淨的白色衣領下繫好真絲領帶之後，我在房間裡來回走動，感覺自己驕傲到了足以與國王平起平坐了。只是當我看到雪梨那張無比僵硬的臉龐時，我才不由得想起了我那可憐的母親。

「我得到了允許，今晚就可以到醫院去看望母親。」雪梨說，「我讓計程車在下面等著了。我想也許當母親看到我買給她的禮物時 —— 看到你穿得這麼好的時候，一定非常高興 —— 她始終都是那麼疼愛你的。」

於是，我們再次搭乘計程車前去醫院。穿上了新衣服與新鞋子，這讓我在護士們身邊走過去的時候都覺得自己很威風。這些護士一開始都認不得我，我也用非常自信的口吻與她們說話。我引著雪梨走過了一段很長的通道，我對這個通道已經非常熟悉了。在這個過程中，我始終抬著頭。但當我

看到了母親之後，這些所有的驕傲都不見了。

母親就躺在病床上，雙眼緊閉，她之前那張甜美的臉現在顯得如此消瘦，臉頰都凹陷下去了，眼睫毛下面是一道黑色的痕跡。過去的那種恐懼心理再次讓我的內心感到無比傷痛，我的身體不禁顫抖起來。

「她，她還活著嗎？」我問護士。

「還活著。如果可以的話，你們跟她說話，最後能夠喚醒她。」她說。雪梨與我靠近病床，輕聲地呼喚著母親。

「母親，妳看看！雪梨回家了！妳看看呀，母親！」我用愉快的口吻說。

「親愛的母親，妳看看啊！這是我買給妳的好看禮物，醒來看看啊！今天是聖誕節啊！」雪梨牽著母親的手說。母親一開始似乎沒有聽到，接著她將頭從枕頭的一側轉向另一側，睜開了眼睛。

「母親，我們來這裡看妳了！」我與雪梨一起高興地說，「過去那些困難的日子過去了！我們將會一起過聖誕節了！看看雪梨買給妳的好看禮物，看看查理穿的這身新衣服。」我們興奮到語無倫次。

「這，這是，早上嗎？」母親用痛苦的聲音說，「還要繼續縫製三打的衣服，他不應該因為褲子上的一些毛線而扣

錢，這些褲子根本就沒有露出毛線。十二條褲子就是一打，就能賺到半英鎊，接著繼續縫製一打衣服，還有另外一打，縫製完了還有一打……」母親似乎根本就不認識我們。

雪梨將他為母親買的那條長方形披巾放在床上，將耳環放在她的手上，然後向她展示一把好梳子，雖然護士已經將母親的頭髮剪去了。但母親只是將頭轉到枕頭的另一邊，然後大聲地說著話，直到護士最後要求我們必須離開。

我們走出了病房，沒有說一句話。雪梨將手臂搭在我的肩膀上，他的眼神是那麼堅毅與明亮。當我們再次回到家之後，他訂了一份排骨晚餐，還有一個肉派以及布丁。我們坐下來吃，雪梨將一大堆食物放在我的盤子裡。接著，他突然將手放在桌子上，開始啜泣起來。

這實在是太糟糕啊！雪梨根本無法停止哭聲。我試圖跟他說話，但我不知道該說什麼。過了一會，我站起身來，走到了窗邊。我站在那裡，傾斜著身子，前額碰到了玻璃，看著外面的燈光，我感到如此的悲慘，簡直是欲哭無淚。沒有了母親在身邊，這麼好的生活又有什麼意義呢？

過了一會，雪梨也走到窗邊，我們就一起站在窗邊，很久都沒有說一句話。接著，雪梨深吸了一口氣，說：「我們現在能做的就是繼續向前看。我想在你吃飽之後，首先必須要為你找一個住的地方，你想要做什麼工作呢？」

第十章　希望背後也有悲傷

「我想要做一名演員。」我有氣無力地說。

「好吧，那我們明天去看看吧。」雪梨說。

第十一章
機會終於遇上了有準備的人

我找了很多劇院經紀人，但都無功而返；我幾乎要出海成為水手；最後，我得到了長久以來渴望的機會。

我認為，在這個世界上，沒有比穿好衣服、填飽肚子更能改變一個人的形象以及他對自己的看法了。對一個生性敏感的孩子來說，更是如此。

第二天早上，當我穿好了讓自己習慣的新衣服，吃了一頓讓雪梨睜大眼睛、露出一副難以置信表情的豐盛早餐之後，我覺得自己與之前那個穿著寒磣的孩子判若兩人。我非常高興地跳了一下舞蹈，接著向雪梨模仿很多我在集市上看到的人以及那位用紅蘿蔔餵驢子的叫賣小販的行為。我甚至開始擺出了以前對雪梨的那種高人一等的態度，因為雪梨從來都不被家人認為是更聰明的那個孩子。我向他保證，等我將來成為著名的演員之後，肯定會給他大大的回報。

現在，我覺得這件關於誰更聰明的事其實是被過分誇大了。聰明人很容易將聰明作為自己缺乏某種重要品格的藉口，然後依賴於表面膚淺的行為去代替勤奮與謹慎的生活態度。在我的一生裡，我一直就像是一支火箭那樣，不斷地濺射出火花，發出陣陣的噪音，最後卻悄無聲息地墜落了。但雪梨始終是這個家庭的主心骨，每當我遭遇坎坷的時候，他總是會一把將我拉起來，讓我繼續前進。在我們兩個人當

中，他是更加優秀的那個。

　　那天早上，在吃完了那頓豐盛的早餐之後，我簡直無法想像自己以後還需要什麼人的幫助，我盤算著自己日後會在舞臺上取得怎樣巨大的成功。當雪梨穿好衣服，與我一起去找演出經紀人的時候，我顯得有點迫不及待了。當我大搖大擺地走在大街上，用手指點著各個地方，似乎雪梨只是一個鄉下人，而我則是倫敦的一個資本家。

　　當時的我才剛剛十二歲，而法律明確規定，不能僱用年齡低於十四歲的孩子上臺表演。但我記得自己在說服經紀人我年滿這個法定年齡的時候，從來都沒有遇到過什麼問題。我的信心是那麼強烈，我的模仿能力是那麼強，這讓那些人克服了因為我身形很小從而認為我年齡也很小的印象。我覺得，那幾個月來的飢餓以及為母親所感到的痛苦，讓我長得老成一點。

　　在雪梨回家後的幾週裡，我們拜訪了十多位經紀人。我爬了很長的樓梯到他們的辦公室，內心滿懷著期望。我以非常自信的態度與每一位經紀人聊天。當知道我的名字以及我的住址之後，他們說現在並沒有適合我的演出，因此我在下樓梯的時候內心都感到無比沮喪，這樣的沮喪感只有一頓豐盛的晚餐或是到劇院裡看一場戲才能消失，內心才會愉悅起來。我始終覺得，自己要比舞臺上的其他任何演員都有更好

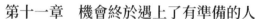

的表演能力。因此，當我看完別人的演出之後，內心總是充滿更多的自信。

我們每天都去看望母親，護士說母親現在的身體狀況好了一些，但母親卻似乎不認識我們，也沒有跟我們說話，我們也看不到母親身上有什麼明顯的改變。母親無法與我們分享現在的快樂生活所帶來的悲傷感覺，每次都會在我們來到母親的病房時湧上心頭。我知道雪梨也會有這樣的感想。很多時候，我都會想像當母親的身體好了之後，我們該計劃去做些什麼。當我成為一名偉大的演員之後，母親肯定會為我感到無比自豪的。我幾乎認為自己所想像的一切都是真實的，認為自己以後必然能夠過上幸福的生活。對我來說，我的想像似乎始終都要比冷冰冰的現實來得更加真實。

聖誕節過去了，我依然沒有獲得任何一份到舞臺上表演的邀請。雪梨必須要重新出海了，他之前存下來的所有錢差不多要花光了，他感覺必須要留出一些錢買些禮物給母親。真正讓他感到煩惱的是我該怎麼辦。有時，當他談論到這個問題的時候，我會感覺到自己所有的夢想都突然破碎了，我感到自己是如此孤單，似乎變得比以前更加渺小了，只能在絕望的境地裡哭泣。

最後，雪梨安排我到輪船上當一名客艙服務員。他說這份工作也還不錯，我以後肯定會漸漸喜歡上大海的，雖然我

討厭這樣的想法，但是與雪梨一起出海畢竟要比重新回到科芬園市場更好一些。我們預定在一月的某天上船前往非洲。我們最後一次前往很多劇院經紀人那裡詢問是否需要人，但始終都沒有適合我的。因此，我們最後定下來了，我只能跟雪梨出海了。

雪梨買了一個小包包給我，將我在船上用得到的東西全部裝在裡面。我們退了所租的房子，最後一次去看望母親。這一次，母親的神色更為安詳，看了我們好幾次，似乎認出了我們。就這樣讓母親孤零零一人躺在這病床上，這實在讓我們心碎。但是我們也實在想不出其他更好的辦法。

我們在倫敦的最後一天早上，我在吃早餐的時候差點噎到。我們的包袱裡都裝滿了東西，全部放在桌子上。在我看來，世界上的一切事情似乎都是錯誤的，我知道自己永遠都不會喜歡大海。一位女侍者帶來了幾封信，其中一封是關於住宿費用的。雪梨正在認真地檢查這些信件。突然，他用詭異的眼神看著我，接著將一張卡片扔到桌子上。

「這似乎是給你的。」他說。我匆忙將卡片打開，認真讀了起來。卡片上寫著：「到第五十五號大街找我，法蘭克·斯特恩。」法蘭克·斯特恩是這裡劇院的一名經紀人。

我立即興奮地從椅子上跳了起來。

「現在出海又有什麼意義呢？」我大聲地說，「我現在找

到了一個適合自己的位置。我的帽子在哪裡呢？」

「慢點，慢點！」雪梨說，「你知道嗎，你現在還沒有得到這個工作呢。」

「我這麼優秀，肯定能得到的。」我反駁說，說著就撕破那個包袱，尋找我的梳子與衣服。「雪梨，快點，借你的拐杖給我用一下吧。一名演員必須要有一根拐杖。」

雪梨借了他的拐杖給我，我隔三個階梯一步往下走。

搭乘軌道電車有失身分，我穿這套衣服，這樣的地位必須要搭乘計程車才配。此時的我已經讓自己擁有了著名演員的排場。我從計程車的車窗用高傲的眼神向外望著普通的倫敦人，想像著當我走上舞臺的時候，觀眾爆發出無比熱烈的掌聲。

法蘭克·斯特恩是一個個子不高、身材發福的人，他的手指上戴著一枚大大的鑽石戒指。他煞有介事地清了清嗓子，接著用犀利的目光看著我。但是我一臉隨意地坐下來，搖晃著雪梨借給我的拐杖，用一種隨意的口吻問他是否有什麼好的演出工作。在那個重要的時刻，我腦海裡強大的想像能力讓我對自己是否能夠得到這份工作感到無所謂，只是下定決心絕對不能接受任何不符合自身才華的小角色。

「這是《白手起家》巡迴演出的主要角色。」他說，「原先的主角病了，因此我們現在急需另一個人接替他。你認為自

己能做到嗎？」

「呃……呃……巡迴演出？」我用不屑的口吻說，「我從未想過要離開倫敦。還有，你們的薪水如何？」

「一個星期 1 英鎊 10 先令。」他回答說。

「這太低了！」我說，「我不會考慮這個薪水的。」

「好吧 —— 我們可以將薪水定到 2 英鎊。我們現在急切需要找到接替的人。如果你學東西比較快，並且在彩排中表現良好的話，那麼我們就給你 2 英鎊。是的，我每週會給你 2 英鎊。」

「這個薪水太低了 —— 實在是一個太低太低的薪水了。」我用粗魯的口吻說。要知道，幾個星期前，我還為自己能夠偷到驢子的紅蘿蔔而感到慶幸呢。但是，我現在根本不會想這些問題。我想的是自己所具有的偉大才華，我不願意讓自己的才華浪費在這樣一個只在某個地區做表演的劇組上。「我會認真考慮的。」當我看到經紀人無意繼續加薪，我就這樣敷衍地回答說。

「不行。我現在必須要知道你的想法。」他堅定地回答說。

我猶豫地皺了一下額頭，思考了一會。

「好吧，我做。」我說。

第十一章　機會終於遇上了有準備的人

「明天早上十點鐘過來彩排。」法蘭克・斯特恩邊說邊遞
給我一張寫有地址的名片。

第十二章
重拾自信

> 我在一場激動人心的情節劇《白手起家》裡擔任男
> 孩英雄的角色，對此排練了一番；我開始到各地巡
> 迴演出。

　　我送雪梨乘船前往非洲，在這之前，我說服他將那根拐
杖送給我。當我站在碼頭上向他揮手道別的時候，我為自己
取得的成功感到非常興奮，這樣的一種興奮情感幾乎讓我陶
醉其中。我終於成為一名演員了 —— 一名真正意義上的演
員，並且還要去參加排練呢！在雪梨搭乘的船隻遠去之後，
我在碼頭上大搖大擺地走著，為身邊的人有眼無珠感到遺
憾，因為他們都不知道現在這樣一個他們忽視的人以後將會
成為多麼重要的人物。鑑於我現在的地位，我只能繼續搭乘
計程車回去，我將雪梨之前在伯頓新月地區幫我租下的房子
地址遞給了司機。

　　我已經不僅僅是一名演員了，還是一位能夠賺錢的人，
擁有了自己的住所。我在送煤炭過來取暖的女傭人面前顯得
非常高傲。有時，我會皺著眉頭，陷入深沉的思考當中。我
會思考著自己到底是吃蛋塔還是蘋果黑莓布丁作為晚餐。最
後，我決定這兩樣都吃，並且還是在火爐旁吃的。這真是一
個美好的夜晚啊。

　　第二天早上，我的內心被兩種完全不同的念頭左右，一
種念頭就是我應該盡快趕去排練，另一種念頭則是我應該遲

一些，這樣才能顯示出我的重要性。直到計程車司機在科芬園集市上的鵝卵石大街上發出嘩嘩聲，一種奇怪的感覺才突然湧上我的心頭。我突然發現自己之前從來都沒有表演過，也不是很清楚在彩排過程中該怎麼去做。透過窗外，我看到了那輛計程車正駛過叫賣小販的那頭驢子旁邊，想著自己之前還非常羨慕這頭驢子的生活，雖然這頭驢子現在依然整天愁眉不展，飢腸轆轆。

彩排在科芬園集市一棟公共建築內的一個房間裡進行。在爬樓梯的時候，我感覺自己是那麼渺小，內心產生了一絲不確定的感覺。當我走進房間的時候，看見裡面全是人，一些人站著，一些人則坐在箱子上，他們都饒有興致地看著我。在靠近簡陋舞臺的一端是一張小桌子，有三個神色凝重的人站在旁邊。我稍微看了一眼之後，便走上前去。

「我是查理·卓別林。」我說，內心希望自己能夠長高一些，「我想自己應該是在你們的表演中擔任主角的。」

他們用斯特恩之前看我的嚴厲眼神看著我，接著開始自我介紹。那位穿著髒兮兮格子花呢背心的人名叫喬·巴克斯特，他是《白手起家》這個劇組的經理，同時在演出中扮演壞蛋的角色。這家公司已經計劃在鄉村地區舉行長達十週的巡迴演出，現在就準備開始了。之前因為那位主角生病了，所以他們的演出時間延遲了不少，這讓巴克斯特很是不滿。

他對我的主要期望就是我能夠迅速融入角色裡面。我向他保證，自己很快就能融入其中。我們沒有繼續閒聊，他開始帶我閱讀劇本。

按照劇本的劇情，我要扮演一位勇敢的男孩，是一名公爵的兒子。當「母親」在倫敦的街頭因為搶劫而痛苦死去之後，壞蛋將原本屬於我的權利奪走了。我在前面三個演出裡都穿著破爛的衣服，裡面的劇情還包括謀殺，十多次死裡逃生，中間還夾雜著許多喜劇的成分。我在第四節演出裡最終取得了勝利，壞蛋最終罪有應得，痛苦地死去了。

不管是之前對模仿的熱衷還是自身的人生經歷都幫到了我，我覺得要扮演的角色與自己的人生閱歷非常相像，這在無意識當中給了我許多表演的空間。其實，我對此也不是很清楚。但是，當巴克斯特給了我這個劇本，要求我閱讀的時候，我做得很好。當我完成閱讀的時候，巴克斯特站在一邊叼著雪茄，之前不滿的神色漸漸消失了。

「好吧。」他急切地說，「女士們，先生們，現在大家準備好。第一場第二幕，普林普頓那個嗡嗡作響的房間！你要出場，扮演好自己的角色。」他對我說，「現在沒有時間研究這些了，明天晚上你就要到斯維貝扮演這個角色，記得要盡最大的努力去演好！」

當我站在一旁、手裡拿著劇本等待的時候，那位扮演我

母親的人走過來了。她是一位腰圍很小的女性，頭上戴著一頂插著藍黃色相間羽毛的帽子。

「吃太妃糖嗎？」她拿出一包糖說。

「不，謝謝你，我很多年都不吃那個了。」我一邊回答一邊搖晃著拐杖。

「這場戲的劇情真是太恐怖了。」她接著說，「巡迴演出真不是人過的生活，你喜歡自己的角色嗎？」

「哦，」我隨意地說，「這其實不算是什麼角色，但我能應付得了。我不介意到外面巡迴演出一個季度，我對倫敦這個地方感到厭煩。」

「你，雷金納德 —— 卓別萊特，不管你叫什麼名字，快點過來。」巴克斯特大聲吆喝著。我立即走到舞臺上。巴克斯特用介乎於呻吟與咆哮的口氣說話，我停下了腳步，一臉吃驚。

「我的天啊！」他用抱怨的口氣說，「那個是窗戶啊！你這個傻瓜！從門經過啊！從門經過啊！你以為你是什麼啊，一隻會飛的小鳥嗎？」

這是非常不容易的工作，在空蕩蕩的舞臺上排練，根本不知道到時候的場景是怎樣的。在我們排練的過程中，巴克斯特漸漸從原先的憤怒轉變成不斷咒罵的狀態，接著再進入

第十二章　重拾自信

無語與抱怨的狀態。我們一直排練到這天晚上的深夜,但他從來沒有讓我休息過一分鐘,雖然我的肚子早已經咕咕作響了,其他演員吃的烤魚香味飄過來,讓我無法專心地排練。最後,巴克斯特抱怨了一聲,讓我離開了。

「這實在是太糟糕了!」他嚴厲地說,「女士們,先生們,你們現在給我聽著,明天十一點,在滑鐵盧車站,準備前往斯維貝!」

我拖著疲倦的身體走下樓梯,手上拿著拐杖和一大卷劇本,大腦裡想的卻是我的角色要說的話語以及所有的舞臺指引,這些都在我的大腦裡嗡嗡作響。此時的我沒有足夠的錢搭乘計程車。如果我們明天就要前往斯維貝的話,那麼我現在必須要走路回到自己的房間。這是一個寒冷多霧的晚上,在我拖著疲憊飢餓的身體匆忙行走在石板路上的時候,能聽到自己的腳步聲在發出陣陣的迴盪聲。此時的我真的只想前往叫賣小販的那輛馬車,然後爬進去好好休息。但我依然邁著堅定的步伐,想到自己現在是一名演員了,這樣的想法讓我內心得到了些許的寬慰。當我最後回到房間的時候,我努力說服自己,這樣做不過是自己的責任以及追求一個更為偉大目標的野心。我滿臉怒容地對著壁爐架上那面鏡子中自己的影像,接著在我的頭上繫上一條毛巾,好讓我看上去像是一位勤奮的學生。那個晚上,我都在閱讀自己角色的對白,

然後將這些話語全部記在腦海裡。

　　第二天早上，當我背著包裹來到車站的時候，劇組的其他人員已經在那裡等候了，大家的衣著看上去都很隨意，一臉倦容。此時巴克斯特匆匆走過來，大聲地咒罵著。喧鬧的聲音以及即將出發所帶來的興奮感讓我的精神為之一振。當我看到一個車廂上貼著「特地為《白手起家》演出劇組預留」這樣的字樣時，我再次驕傲地抬起頭，希望其他乘客能夠注意到，並且對彼此說：「你快看，他肯定是這齣戲的主角。」

　　我在月臺上一直徘徊到最後一分鐘，覺得自己是一個重要的人物，想像著那根拐杖將會在舞臺上取得意想不到的演出效果。隨著引擎發出轟轟的聲響，火車緩慢地出發了。我大搖大擺地走過通道，回到了自己的車廂裡，劇組裡的其他人已經準備好了前往斯維貝的旅程。

第十二章　重拾自信

第十三章

再高傲也有孤獨的時候

第十三章 再高傲也有孤獨的時候

我在化妝盒上遇到了許多困難；我在情節劇上做出了第一次表演；我明白了成功所帶來的那種無人能夠分享的空虛感。

在前往斯維貝的路上，劇組的其他人都是一臉倦容，弓著腰坐在座位上，用疲倦的眼神看著車窗外面的景物。當我在車廂的通道來回走動，口裡唸叨著角色的對白時，他們都沒有抬頭看我一眼。我這樣做其實是想讓巴克斯特注意到，我是一位多麼勤奮的演員。

「好啦好啦！」當我看到巴克斯特完全沉浸在一本書名為《漂浮》的書，根本就沒有朝我這個方向看的時候，我對自己這樣說。「你就等著看我的表演吧！」不過，我的興奮之情還是被他展現出來的冷漠澆滅了一些。

當火車在斯維貝停下來的時候，我邁著輕盈的步伐走下月臺，在其他人邁著疲倦的步伐下車的時候，我四處張望。此時的天空下著小雨，四周很少有乘客，他們對我們根本就不感興趣。在我看來，這是一種公開的侮辱。

「快點！在日場演出之後沒有多少時間去找住的地方。」巴克斯特急切地說，接著邁出了急匆匆的腳步。其餘的人都跟在他身後穿過街道。

我洋洋得意地走著，一邊走一邊揮舞著拐杖，但是其他人的沮喪情緒讓我感到壓抑。我希望自己現在不僅僅是十二

歲，希望自己能夠更高一些。這樣的話，我跟別人說話的時候就不需要抬起頭了。我在想自己是否懂得如何正確地化妝，但我下定決心不去問別人該怎麼做。我已經買了一個化妝盒，之前在鏡子前已經試過幾次了，但我對這在舞臺上會取得什麼效果持懷疑的態度。

當我們來到皇家劇院這個陰暗發臭的地方，看到裡面的化妝間到處堆滿了垃圾，一片髒兮兮樣子的時候，我對自己面臨的問題感到非常無助。我發現所有的演員都是共用同一個化妝間的，我只能與其他人擠在這個很小的房間。我打開了化妝盒，羞恥於自己全新的扮相。扮演普倫普頓的演員在沒有化妝前是一個氣色不好、表情陰鬱的人，氣息中散發出啤酒與洋蔥的味道，他在一面有點破爛的小鏡子前穿上襯衫袖子，然後用塗料來擦臉。因為我們已經來晚了，因此舞臺前面的燈已經亮起來了，少數觀眾已經進場了。

我盡最大的努力去應付化妝的問題，接著迅速穿好我在第一場戲裡要穿的破爛衣服，用大頭針將衣服弄成一個折痕，因為之前那位主角穿的衣服對我來說實在是太大了。但是，我希望自己能夠勉強湊合。我看了一眼鏡子中的自己，覺得還湊合，就離開了化妝間，來到了後臺的一邊。我對自己化的妝感到很滿意。

此時的舞臺還是很昏暗的，一塊大帆布後面的場景還是

一片黑暗。「倫敦貧民窟的一條街」的場景已經搭設好了，布景的工作人員不斷用粗啞的聲音咒罵著，接著他們急忙換上了普林普頓公爵客廳的布景。我無聊地走來走去，撞上了巴克斯特，他擺出一張冷漠的臉，咒罵著自己見到的每個人。當他見到我之後，立即停下了腳步。

「我的媽呀！」他大聲說，「你就準備這樣上舞臺表演？」

「這有什麼問題？」我吃驚地問道。

「什麼問題？什麼問題？為什麼我做你們的經理呢？」克斯特雙手抱著頭咒罵著說，「你這個該死的傻瓜。」他忍無可忍地說，喉嚨似乎噎住了。

「喬，出什麼事了？」那位在戲中扮演我母親的女人走過來問，而我則一臉不安地站著，不知道該說什麼。

「看看他吧。」巴克斯特近乎咆哮地說，「我說了多少次了，他就是一個可悲的人，可悲啊！他的臉就像是一個盛開的紅莓！他還有六分鐘就要出場表演了！」

「我會幫他化妝的。」這個女人非常友善地說，接著牽著我的手，將我引入了女性化妝間。她用她的塗料與麵粉幫我塗臉，我滿心屈辱地扭動著身體。

「這是第一次演出吧？」她問，說著在我的眼睛下面畫了一道黑色的圓圈。在這樣的環境下，我盡可能地保持自己的

尊嚴。我僵硬地說：「這是我第一次與巡迴演出劇組合作。」

接著，我回到了後臺的一邊，緊張地等待著我的出場。巴克斯特此時已經化好了惡人的裝扮，站在我身邊下達最後的指示給我。眼前的燈光讓我的眼睛看得不是很清楚。當我出場的信號出現 —— 我的母親站在舞臺上哀嘆的時候 —— 巴克斯特用力推了我一下。我踉蹌著腳步走上舞臺，大聲地哭喊：「親愛的母親，你看，這是一點麵包屑！」

舞臺刺眼的燈光以及大腦的混沌感瞬間就消失了。內心那種奇怪的感覺很快就遠離了我。我很難向那些不是從事表演行業的人去解釋這樣一種感覺。我覺得在那個時刻，我就是那位衣衫襤褸、飢腸轆轆的孩子，在科芬園的集市上挨餓，而我只是將自己的本真表現出來而已。我為自己貧窮的母親所遭遇的痛苦而落淚，此時「母親」在我的腳下哀嘆著。我驕傲地對自己說：「什麼！他們看到了我如此可悲可憐？」當我不記得臺詞的時候，我就自己編造出來，根本不在意扮演惡人的巴克斯特用不安的眼神看著我。在這一節戲快要結束的時候，我充滿激情大聲地說：「別想碰我的母親，除非你從我的屍體上走過去！」舞臺的簾幕落下來了，臺下爆發出熱烈的掌聲。

「我的表現不是太糟糕吧？」我用得意的口吻對巴克斯特說。此時在舞臺上扮演我母親的女人正努力地站起來。巴克

斯特悶悶地說：「年輕人，不要這麼自滿，下面還有三節戲呢。」

但是，我此時已經「熱身」了，並且充分享受表演的過程。我在舞臺上將勇敢男孩的悲傷與孤獨表現得很好，最終成功奪回了作為公爵兒子的權利。在最後一節戲裡，我非常沉著地穿上了一件天鵝絨衣服，雖然我不得不暗地裡用一隻手拉起褲子，因為我在化妝間找不到別針將這件衣服弄得更適合我。我感覺自己成了這齣戲的主角。日場表演結束之後，我匆忙地走出劇院，之後找到了住宿的地方。在晚場表演開始之前，我吃了一頓排骨。此時的我感覺自己身為一名演員已經到達了名聲的巔峰。我忍不住告訴那位端上排骨給我的侍者，我是《白手起家》這齣戲的主角，他必須要快點給我上菜，因為在晚場表演開始前，我必須要趕著回到劇院處理很多事情。侍者低頭看著我，咧嘴笑著說：「肯定的！」當然，我希望他能用更加莊重的方式去說。

那天晚上，我獨自坐在演員住所的臥室裡，對自己的表現感到非常滿意，真希望母親能過來看到現在的我。我寫了一封很長的信給母親，告訴她我現在做得不錯，並且向她保證，當我在週六領到薪水之後，至少會寄去 10 先令或是 1 英鎊給她。接著，我獨自走到黑暗安靜的大街，雨水將大街的路面都打溼了。這個晚上真的讓我感到很陰鬱。畢竟，我

才是一個只有十二歲的孩子，沒有一個朋友，雪梨現在也已經去了非洲。我想到了現在孤身一人躺在醫院病床的母親，也許當她收到信件之後，也無法理解我在信中到底說了些什麼好消息。一股夾雜著強烈悲傷與無助的情感占據著我的心頭。我匆忙回到自己的房間，沒有開燈，直接爬上床，內心的苦悶無人可以訴說。

第十三章　再高傲也有孤獨的時候

第十四章
運氣與才華並存

> 我嘗到了成功的滋味；我從母親那邊得到了意外的
> 消息；我要承擔起全新的責任。

　　雖然我沒有完全忘記在倫敦的母親，但我很享受與《白
手起家》劇組一起參加巡迴演出的過程。每天搭乘火車前往
不同的城鎮，在這些城鎮裡有著不同的住所，我真的難以理
解為什麼其他的演員會對此有如此多的抱怨。即便我們整夜
搭乘火車到其他地方，第二天在沒有任何休整的情況下趕著
去參加日場演出，我都沒有任何抱怨。我喜歡這一切，我喜
歡臺下觀眾爆發出熱烈的掌聲，在臺上的我不得不停下來享
受那一刻的興奮感覺。在我習慣了舞臺表演之後，這樣的情
況經常出現。在週六的日場表演結束之後，我喜歡與其他人
站在一起，此時巴克斯特就會走過來發薪水給我們。當我將
口袋裡的 2 英鎊弄得叮噹作響的時候，我感到非常開心。當
我花費 6 便士購買一本《漂浮》時，我覺得自己非常富有。

　　我最喜歡的是在週日的早上，可以躺在床上睡懶覺。有
時，我會在當地的報紙上尋找我的名字 ──「查理·卓別林
在扮演雷金納德這個角色的時候，充分展現出了他的藝術才
華，他必然會有一個光明的未來」或是「查理·卓別林是一
位非常有才華的年輕演員，他將雷金納德的角色演得栩栩如
生」。

　　雖然在讀報的時候沒人會看到我，但我還是假裝對此表

現得很冷漠，無聊地打了一個哈欠說：「哦，這不過是本地報紙的一些說法，還是等我回到倫敦之後再說吧！」但我都會偷偷將這些剪報收集起來。

我與一位喜劇演員成了朋友，他是一個身體肥胖、個性幽默的人。在第三節演出的時候，當他坐在一個「雞蛋」上的時候，臺下的觀眾都會哄堂大笑。有時，在週六晚上的演出結束之後，我會請他吃一頓牡蠣。他就會用抱怨的口吻談論著舞臺表演：「這實在是一種墮落的生活，小子，這是一種墮落的生活啊。你最好盡快離開這個行業。」說著，他哀嘆了一聲，搖了搖頭。接著，他停止了嘆息，將一個牡蠣放入口中。

「老頭，這個工作適合我。」我擺了擺手說，思考著當我到了他這個年紀的時候，肯定已經在倫敦站穩了腳跟。

我並不是很在乎劇組裡的其他人，因為我覺得他們都過分低估了我的重要性。我特別會選擇避開柯拉，她是在劇中扮演我母親的人，因為她在幕後總是將我當成小孩子看待，不論誰在場，她都會問我的襪子是否穿好了，甚至問我穿的內褲是否暖和。

在第二年春季的時候，《白手起家》的巡迴演出結束了。當我在舞臺上最後一次握緊扮演我母親的柯拉的手時，許多剪紙雪花從舞臺上空落下來。這是我最後一次與那位「惡人」

角色做鬥爭，躲過了謀殺，回到普林普頓公爵的客廳，穿上了那件已經有點破爛的天鵝絨服裝，但這件衣服現在已經很合身了。

當我回到後臺時，感覺內心有點沮喪與孤獨。整個劇組就要解散了，其中絕大多數人已經離開了。「倫敦貧民窟大街」的布景已經被拆下來用馬車運走了，這個場景將會在《小偷的巢穴》以及《午夜的泰晤士河》的演出裡使用。我只見到那些渾身髒兮兮的布景工，他們在拆卸普林普頓公爵的客廳時不停地咒罵著。化妝間裡只剩下了那位喜劇演員，此時的他已經喝醉了，用悲傷的口吻說：「這是一種墮落的生活，這是一種墮落的生活啊！」

我很快就穿好了衣服，回到自己的住所，內心感到無比失落，不知道自己接下來該做些什麼。此時的我已經對舞臺表演這個行業有所了解，意識到要想在表演行業站穩腳跟，不是一件容易的事。這是我第一次真正從之前收集到的剪報中得到寬慰。當我走進房間的時候，感覺又冷又暗，但是沒有比我還要在口袋裡找尋一根火柴去點燃煤氣燈更讓人感到心灰意冷的了。

當煤氣燈發出光亮的時候，我看到了一封信，放在餐桌上一盤已經涼了的點心旁邊。我驚訝地拿起這封信，因為這是我這麼久以來收到的第一封信。我看到信封上面寫著教區

醫院的地址，這可是我母親所在的那個醫院啊。

　　我急忙打開信封，但我的手卻在顫抖，似乎過了很久之後，我才終於將信從信封中取出來。我將信拿到靠近煤氣燈的位置，認真閱讀起來。信上說，我的母親要求他們寫一封信給我，表示她對我現在的表現感到非常高興，要是我方便將母親帶走的話，母親已經可以離開醫院了，或是他們也可以將我的母親送到救濟院，因為她現在的身體還不適合去工作。

　　那個晚上，我吃不下東西也無法入睡。黎明時分，女房東過來敲門，隔著窗戶用惡狠狠的口吻說，我正在浪費她的煤氣，威脅說要額外加收我的錢。我說我現在正在打包，馬上就支付她房租，叫她先離開。接著，我提著包裹就離開了住所。在這個又冷又暗的早上，清晨的馬車已經開始在空蕩蕩的大街上發出嘩嘩聲了。我搭乘了前往倫敦的第一班車，內心處於歡樂與恐慌交加的狀態，心裡的許多打算讓我感到困惑，其中一些打算可以說是毫無價值的。

　　當我得到允許去看望母親的時候，我看到母親正坐在病床上，套著雪梨買給她的長方形披巾。她的頭髮要比之前更長一些，在臉上捲曲著。但她的眼睛下面還有一個黑眼圈，看上去就像一個小孩子。

　　「我的孩子！我的孩子！你長成一個大人了！」母親看到

我之後說，接著她開始哭泣了，一點點的激動都會讓母親啜泣起來。當我坐在她身旁的時候，她的雙手一直在顫抖。

「母親，妳不要怕，我會照顧妳的。」我急忙說。我跟母親說了我在舞臺上取得的成功，這是我這麼久以來第一次真情流露。在我說這話的時候，我痛苦地發現，要是我之後找不到演出的機會，那該怎麼辦呢？我向母親保證，很快就會帶她到一個很好的房子去住。當我說這話的時候，覺得這是無比空洞的。不過，在我離開母親的時候，她似乎感到無比高興。我沒有停下來為自己找尋住所，而是匆忙到劇院找尋經紀人。

在那個時代，一位演員的成功或失敗，在很大程度上取決於運氣。後來，我非常願意承認一點，即當我失敗的時候，是運氣不好。而在這之前，我會將成功歸結為自己所擁有的才華。這一天，當我走到一間劇院的時候，我看到了十幾位多年來一直都想在舞臺上站穩腳跟的演員，他們這些年來只是演一些小角色，經常飽一頓餓一頓，努力地將他們寒磣的衣服弄得閃亮一些，接著無數次走上經紀人辦公室的樓梯，但最後總是失望而歸。前來找尋工作機會的演員數量讓我大感震驚。法蘭克·斯特恩外面的辦公室站滿了人。當我走進去，將名片遞給那位雜務工時，其他演員都用渴望的眼神盯著斯特恩的那扇門。

「難道你們沒看到嗎？」那位雜務工看都沒有看這些演員一眼就說，「你們在這裡等候也是沒用的。」他提高嗓門說，「斯特恩先生今天是不會見任何人的。」

　　這些演員站起身，開始向外走，其中一些人向他提出抗議，詢問為什麼，但他只是用鄙夷的眼神看著他們，不斷地重複著那句「他今天不會見任何人」。我也準備跟著這些演員走下樓梯，此時法蘭克·斯特恩辦公室的大門打開了，他走了出來。

　　「哦，我的孩子，你好。」他真誠地說，「你就是那個我想要見的孩子。進來，進來！」他引我走進了裡面的辦公室，用手拍了拍我的肩膀。

第十四章　運氣與才華並存

第十五章

現實主義時期的簡單夢想

> 我開始明白為什麼其他人無法取得成功；我決定破
> 釜沉舟，斬斷所有後路；我收到了一份非常重要的
> 電報。

這一次，當我坐在法蘭克‧斯特恩辦公室的時候，再也沒有以往那種自視甚高的姿態了，取而代之的是急速跳動的心，只希望他能夠為我提供一個有薪水的角色。我聽不清他到底在說些什麼，因為我所想的只是口袋裡的那幾枚硬幣以及正躺在醫院病床上的母親需要我回去，將她帶到一個我之前承諾過的好地方去住。

「喬‧巴克斯特跟我說了，你在巡迴演出中表現不錯。」斯特恩在說完一些無關緊要的話之後說，「再過幾週，他就要舉行《吉姆，一個倫敦人的浪漫史》的巡迴演出，你想在裡面擔任主角嗎？」

「我願意。」我急切地說。當我一說出口之後，馬上意識到一開始沒有提出薪水的要求，這已經讓我失去了想要加薪的可能性。但是，擁有這個角色所帶來的內心寬慰感覺是如此之強烈，我對加不加薪也不是太在意。

離開法蘭克‧斯特恩的辦公室之後，我吹著口哨走下樓梯。走在劇院外面的街道上，我用冷漠的眼神看著從我身邊經過的其他演員，開始又產生了這樣的想法，這些找不到演出機會的演員肯定是沒有我這樣的演出才華，或者說他們因

為酗酒或是不願意努力工作才淪落到這個地步。我看到了之前在《白手起家》劇組裡的那位喜劇演員，他看上去無精打采的。在經過他身旁的時候，我向他點頭致意，他一把攔住了我。

「情況怎麼樣？」他問我，「得到演出機會了嗎？」

「哦，是的，我得到演出機會了。」我隨意地回答，揮舞著手中的拐杖，「只是一個巡迴演出，沒什麼大不了的。」

「不會吧？」他驚訝地說，「你真是走了狗屎運了。好兄弟，你能借我 5 便士嗎？」

「不行。」我直接回答說，「不行，我沒有錢。但我希望你能盡快得到演出的機會。你應該戒酒，你知道的，要是你戒酒的話，你能做得更好的。」

「我的兄弟，你說得倒是容易。當你二十多年來一直都在這些劇院裡奔波忙碌，就像我這樣子，卻始終找不到一個真正的機會時，你就知道了。你現在正走運，但你最後將發現，這條道路上並不是只有鮮花與啤酒。好了，就借我 2 便士吧？」

我遞給了他 1 先令，他懇求我在巴克斯特面前替他美言幾句，我答應了，不過很快就忘記了。接著，我為母親找尋了一處住所。我在伯頓新月地區找到了一處適合母親恢復身體的房子 —— 這裡的房間很乾淨，而且還帶有一個能夠俯瞰

小公園的陽臺。女房東多布絲女士似乎是一個很友好的人，她答應在我外出巡迴演出的時候，幫忙照顧我的母親。

母親看到這個新住所時非常高興。當我用雪梨買給她的長方形披巾將她的脖子套好，又將她帶到靠近壁爐旁一張帶有軟墊的睡椅時，母親就會又哭又笑。我們一起舒適地喝茶，我對母親說，我很快就會成為倫敦著名的演員，而母親表示，她相信我能夠做到，並且說我過分謙虛了，說我至少應該在倫敦西區大劇院擔任重要的角色，而不是屈就跟著小劇組去參加巡迴演出。

在參加《吉姆，一個倫敦人的浪漫史》的巡迴演出過程中，我過著最為節儉的生活，每週寄回1英鎊給母親。有時，我將晚餐的錢節省下來，購買信封與郵票寫信給母親，因為真正讓我感受到金錢所具有的價值的並不是貧窮的生活，而是節儉的生活。我在這一年裡所學到的東西是我這輩子都不會忘記的。在巡迴演出過程中唯一感到開心的，就是我在舞臺上表演的時候，只有在這個時候，我才會忘記時時刻刻的經濟壓力，像劇中的吉姆那樣過著浪漫的生活，感受著生活的歡喜哀愁。我很好地扮演了這個角色，也許正因為如此，我開始成為當時英國最有前途的幾位童星之一。我還是會經常將報紙上讚美我表演的話語剪下來，將這些剪報隨著信件一起在週六的信件中寄給母親。

在這一季的巡迴演出結束之後，我回到了倫敦。我原本想著會有很多戲場經理過來找我演出。當我滿心驕傲地走進法蘭克‧斯特恩的辦公室時，我甚至都沒有看一眼那個雜務工或是其他正在耐心等待的演員，而是直接用拐杖敲了幾下斯特恩的大門。我直接打開外面的門，走了進去。

　　法蘭克‧斯特恩正坐在椅子上，雙腳放在辦公桌上，嘴裡叼著菸，專注地閱讀著《漂浮》這本書。聽到有人要進來的時候，他立即把雙腳放了下來。當看到進來的人是我，他堆起笑容歡迎我。

　　「很高興看到你演出回來了，很高興見到你。」他用愉悅的口吻說，「快點坐。」

　　「不用了，我只是過來看看你下一季有什麼演出。」我用隨意的口吻說，「你知道，這一次必須要有好一些的演出。」

　　斯特恩臉上的笑意就像被一個面具迅速籠罩起來了，他用嚴厲的眼神看著我。

　　「《他的母親讓他挨餓》這齣戲有一個角色。」他說，「我們可以用到你。」

　　「薪水是多少呢？」我問。

　　「每週 2 英鎊。」他迅速回答說。

　　「不，謝謝了。」我高傲地說，「要是週薪 4 英鎊的話，

我還會考慮一下。」

「那我想我沒有什麼適合你的角色了。」他說，接著轉身回到桌子前，似乎他很忙碌一樣。我吹著口哨走出了他的辦公室，因為我深信自己所具有的價值，所以我不想再這樣冒犯他。我想得沒錯，十天後，我就在《夏洛克・福爾摩斯》（Sherlock Holmes）這齣戲裡得到了比利的角色，週薪是 30 先令。此時的我認為，自己在演出方面肯定是很有天賦與智慧的。要是我的口袋裡還多幾個先令用於支付母親的住所的話，那麼我可能還要等待倫敦演出公司給予的演出機會呢。要真有那樣的機會，那麼我肯定是蠢透了。

當我走進彩排的房間時，內心覺得繼續這樣的巡迴演出簡直就是對自身才華的浪費。我匆忙走到提詞人的桌子前，將我的拐杖放在上面 —— 這是違反當時劇院基本禮儀的 —— 當時彩排的人都對此行為感到非常震驚。我之後再也沒有做出這樣的行為，因為在與一位真正的舞臺經理合作了一天之後，我才知道什麼才是真正好的表演。在晚上回家的路上，我感覺到自己的虛榮心受到了極大的打擊。

「表演要自然些！」我模仿著那位舞臺經理的口吻，痛苦地對自己說，「像一個真正意義上的人那樣說話！」記得看我的雙眼，他們認為人們需要些什麼呢？我像一位演員那樣表演，像一位演員那樣說話，如果他們不喜歡的話，那麼他們

可以去看之前的表演，我能夠做得更好一些！

　　儘管如此，在第二天彩排過程中我還是受到了經理嚴厲的責罵與大聲的斥責，直到我最後忘記了之前在《白手起家》巡迴演出中使用的大量舞臺演出技巧，才讓經理稍微感到滿意。在我去參加巡迴演出前的那個晚上，我與母親一起吃了晚飯，此時母親依然需要多布絲照顧。母親的身體還是那麼消瘦，精神還是比較緊張，因此每次看到她總會讓我感到憂愁。母親為我能夠成為如此著名的演員感到興奮與欣喜，但我第一次不是那麼贊同母親說的這句話。

　　不過，報紙的相關報導內容很快就讓我恢復了自信。在我們巡迴演出的每個城鎮，當地的一些報紙都會高度讚揚我的演出，連那位扮演福爾摩斯的演員每次見到我的時候都會給我冷冰冰的眼神，甚至將報紙上關於我的報導全部剪去。雖然我對此有所抱怨，但我知道自己終於「開竅」了。我在公開場合咧嘴對著他笑，要求擁有一個更好的化妝間。

　　在這個巡迴演出行將結束之前的一天晚上，我在舞臺的一側向一位女演員表達了在明晚的舞臺表演上，將一枚彎曲的迴紋針夾在福爾摩斯的椅子上的想法，我認為這樣將會帶來很好的戲劇效果。因為福爾摩斯的扮演者穿著緊身的長袍，在坐下來的時候就會給人一種高貴的感覺。正在此時，一個男孩走進來，遞給了我一封電報，我一邊打開電報一邊

擔心這是來自母親那邊的壞消息。我讀了電報，上面寫著：

「威廉・吉列特下週會在這裡舉行《夏洛克・福爾摩斯》的演出，想讓你擔任比利的角色。查爾斯・弗羅曼。」

威廉・吉列特！查爾斯・弗羅曼！

第十六章

愛上臺下的掌聲

第十六章　愛上臺下的掌聲

我前往倫敦發展；我與一尊「蠟像」相見並說話的故事；我在一家享有盛譽的劇院裡開始了第一次表演。

那天晚上，我不知道自己是怎麼表演完的。我的內心無比激動與興奮，以至於我忘記了自己出場的信號，我只是發揮了一半的表演功力，但我根本不在乎福爾摩斯的扮演者是怎麼對我皺著眉頭的。在第二節戲演完之後，劇組裡的每個人都聽說了我收到了來自弗羅曼的電報，我知道他們正在後臺的兩側用羨慕的眼光看著正在舞臺上表演的我。當我的戲份表演完之後，我立即從他們身旁走過，徑直回到化妝間，盡快將妝容卸掉。當舞臺的帷幕落下來的時候，我差不多已經將妝卸掉一半了。

在化妝間外面遇到福爾摩斯的扮演者與經理，我用傲慢的態度證明了自己在他們這家公司的地位。

「當然，你們都知道，假如我只是跟著你們巡迴演出，我是無法展現自己的表演才華的。」我一邊說一邊看著福爾摩斯的扮演者，雖然我比他還矮兩英尺。接著，我對一旁的經理說：「當然，經理，我非常感激你對我的指導。要是你需要我在弗羅曼身邊幫你說什麼好話，你只需要告訴我就可以了。」

第二天早上，除了福爾摩斯的扮演者之外，公司的其他人都到車站送我。我昨晚表現出來的傲慢已經不見了。每個人都祝願我好運，並且表示回到倫敦之後一定會過去看我的

表演，而我則向他們表示，我絕對不會忘記他們這些老朋友的。經理也過來拍我的肩膀，說他早就知道我肯定能夠做出很好的成績。當火車開動的時候，他們都向我揮手道別，而我也在車廂裡向他們揮別。我就這樣搭乘火車前往倫敦，去追求屬於我的榮譽了。

在第二天下午的時候，我穿著全新的襯衫、打著領帶，來到了倫敦西區約克公爵劇院，詢問舞臺經理在哪裡。我必須要在昏暗的舞臺上等一分鐘，我看到這個大劇院此時黑漆漆的，前面的一些座位空蕩蕩的。一想到不用過多久，這些座位就會坐滿人，為我的表演而喝彩，我就感到很興奮。此時，博斯曼匆忙走過來，他看上去非常忙碌，說話的聲音聽得出來很緊張。我告訴了他我的名字，他匆忙遞了一個劇本給我。

「就是這麼多，明天上午九點來這裡彩排。」他說。當我正準備轉身就走的時候，他加了一句：「你想去看看吉列特先生嗎？」

「我當然想啊！」我急忙回答，努力保持以往的鎮定。此時，一個男孩引著我穿過一條燈光昏暗的通道，來到了吉列特先生的化妝間。那個男孩敲了一下門，大聲地說：「吉列特先生，卓別林先生求見。」之後，男孩就讓我一個人站在門外等候，我喘著氣，努力平復自己的緊張心情。

沒一會，化妝間的大門打開了，出來的是一個身材矮小的日本人，他穿著英國僕人的服裝，透過大門的一個空隙向外看。我之前從沒見過日本的僕人，他的外貌讓我感到非常困惑，我只是看了看他，重複著剛才那個男孩所說的話。我的雙手在口袋裡摸索著，想要從裡面掏出一張名片 ── 我不知是否需要遞名片給他看。不過，這是不需要的，因為這個日本僕人打開了門，我就走進去了。

　　威廉·吉列特正坐在梳妝檯前忙著化妝。他站起身來迎接我 ── 他是一個身材魁梧的男人，臉部完全被灰白色的塗料所覆蓋。整個化妝間也全是白色的 ── 包括牆壁、梳妝檯甚至連地板都是白色的 ── 電燈發出來的白光更加強了這種白色的程度。在強烈的光線以及滿房間的白色映襯下，威廉·吉列特似乎並不像一個真正意義上的人，他似乎是玻璃櫥櫃裡的一個有趣古董。

　　「我知道，你是扮演比利這個角色的人。」他瞇著眼睛，露出扁桃仁大小的眼睛說，「你今年多大了？」

　　「先生，我今年十四歲。」我似乎被催眠了一樣，迷迷糊糊地回答，因為我現在跟每個人都說自己今年十六歲了。

　　「我聽說你是一位非常有前途的年輕演員。」他說，「我希望你能將比利這個角色扮演好。你過來找我有什麼事嗎？」

「沒有，我只是想過來看看你。」我回答說。

「好吧，很高興我們兩個見面了。」我想，他在說這話的時候，露出了愉悅的神色。「如果我能幫到你什麼的話，請過來找我。」

我想，自己在走出這個化妝間的時候，肯定是給予了一個很好的回答。我在大街上走了一段路之後，終於從威廉·吉列特在那個白色房間裡的古怪化妝的形象中走了出來。我已經見到了英國舞臺上最偉大的演員了，我感覺自己似乎是在與一尊「蠟像」交談，而這尊「蠟像」則是能夠開口跟我說話的。

當我站在路邊，身邊全是倫敦這座城市各種車輛發出來的噪音時，我才意識到，在這重要的一天裡，發生的很多事情都是真實的。我將要在倫敦最好的西部劇院與威廉·吉列特一起演出，手裡緊攥表演的劇本。我感到無比興奮與激動，我跑到母親住的房子，告訴她這個好消息。之後，我回到自己的住所。整個晚上，我都在房間裡來回走動，排練著關於比利的表演內容，只是偶爾停頓一下，跳一下舞蹈或倒立一下。

第二天早上，我是最早來到劇院彩排的人之一。我早早就起來了，繞了幾個路口來到劇院，希望能夠遇到自己之前認識的一些人，然後我可以隨意地對他們說，自己現在跟著

弗羅曼一起混。但是，從我身邊經過的每個人都是我之前不認識的，我只能用高傲的眼神看著他們，在心底對自己說「你看上去根本就不像要去劇院與威廉‧吉列特一起彩排的人，難道不是這樣嗎？」用這樣的話語來安慰自己。

博斯曼與我之前認識的舞臺經理完全不一樣，他的表情夾雜著緊張與興奮，但是無論一位演員在朗讀對白的時候表現得多麼糟糕，博斯曼從來都不會對他們大喊大叫。

「不是這樣的。」他會安靜地說，「應該是這樣的。『先生，我會做到的。』而不是，『先生，我要做到的。』你可以再試一次。記得，不是像你剛才說的那樣，而是要帶有側重點。再來一次『先生，我會做到的。』這句對白。」他似乎從來都不會感到疲倦。他讓我們連續彩排幾個小時，認真觀察著彩排的每個細節，注意聆聽我們說話時的音調變化，他的耐心似乎是無窮無盡的。對我來說，這一切都是全新的，但我非常喜歡這裡的工作。在彩排之後，我會在自己的房間繼續練習數小時，用不同的音調去練習聲音。

威廉‧吉列特之前帶著《克拉麗絲》這齣戲來倫敦表演，但反響不是很好。他現在準備演出的戲劇是《夏洛克‧福爾摩斯》，用來挽救之前的頹勢。為了能在最短的時間內完成這齣戲的準備工作，我們必須要連續加緊彩排。我們整天都在工作，有兩次需要在深夜的時候彩排，這是他們之前在

《克拉麗絲》這齣戲裡從沒有試過的。在我回到倫敦的兩週之後，我們被告知在早上七點鐘的時候要帶妝彩排，因為《夏洛克‧福爾摩斯》這齣戲要在當晚上演。

在帶妝彩排中，幾乎每個環節都出現了問題。我們因為之前的過度勞累與精神緊張，錯過了很多出場提示。其中有些人還丟失了財物。面對這些情況，博斯曼卻表現得相當沉著。我對發生的這些事情感到很高興，因為每一個在東區表演的演員都知道，一次糟糕的帶妝彩排意味著一場很好的首次表演，但是博斯曼與威廉‧吉列特似乎卻並不贊同我的觀點。當他們最後讓我們先回家，要求我們晚上早點來劇院的時候，整個劇組都彌漫著一種壓抑的氣氛。

我早早地就為第一場戲化好妝、穿好服裝了，然後匆忙地走到簾幕後面的窺視孔，希望能夠看到母親坐在觀眾席裡。我之前已經為她以及多布絲女士準備好了門票，並且請了一輛馬車送她們來這裡，因為母親的身體還不是很好，無法搭乘有軌電車過來。整個劇院很快就坐滿了人，後臺彌漫著讓人喘不過氣來的緊張氣氛。布景工與舞臺木工都在匆忙地來回走動，因為表演中有一個場景是關於丟失東西的。每個人的神經都緊繃到了快要斷掉的程度。

舞臺上的簾幕拉上去了，我站在舞臺的一側等待著輪到我出場的暗示。我在心裡一遍又一遍默唸著自己要說的對

白，一種無比緊張的情緒似乎都聚集在我的喉嚨裡。此時，我看到吉列特已經走到舞臺上了。我認真地聆聽著他說的每一句話，知道距離我的出場越來越近了。突然，博斯曼把手放在我的肩膀上。

「皇家包廂就在舞臺前面。」他說，「無論你做什麼，記住千萬不可以朝皇家包廂那個方向望過去。」

此時，吉列特在舞臺上已經說出了輪到我出場的暗號。我立即抖了抖肩膀，清了清嗓子，走上舞臺。我的腦海一直迴盪著博斯曼的那句話「不可以望著皇家包廂」。

第十七章　好運連連

> 我與一位著名演員一起演出；我在演出過程中看了
> 一眼皇家包廂；我為自己的嚴重罪行付出了代價；
> 我收到了另一位著名演員的邀請。

　　我的神經就像一根沒有調好音準的小提琴琴弦。當我走
上舞臺說出自己的臺詞，威廉‧吉列特雙眼看著我，臺下座
無虛席的時候，我似乎感覺到這根「琴弦」在顫抖。我的大
腦似乎置身一個高音的按鍵上，正在流暢地彈奏著，但這似
乎與我的身體沒有任何關係。我聽著自己說出的臺詞感覺就
像別人說的一樣。這些臺詞說的是如此清楚、語氣堅定、口
音完美。我感覺自己在舞臺上向前走了三步，接著就轉向吉
列特，說出了我的第二句臺詞，並且將語氣的重點放在了第
三個單字上。

　　「千萬不要望著皇家包廂。」我在心底對自己說。

　　接著，我走到了舞臺的一側。吉列特在舞臺上說話，我
就回答他。這個場景在我的腦海裡清晰起來了。我意識到自
己正在與威廉‧吉列特演對手戲，所有倫敦人的目光都聚集
在我身上，皇家包廂裡的人也在認真聆聽我說的話。我全身
心地投入演出當中，雖然緊繃著神經，但我決心拿出最好的
演出去應對這個重要的場合。我知道，自己的表演很好，我
能從吉列特臉上原先緊張的表情得到放鬆知道這點。他全身
心地投入演出當中，充分相信我能夠演好自己的角色。

「比利，你要認真聽我說的每一句話！」吉列特在舞臺上說。我將頭轉向右邊，感覺臉上的肌肉在顫抖，做出了我本應做出的表情。

「是的，先生。」我用之前已經訓練了很久的語氣回答說。吉列特接著說自己的對白。這一幕進展得非常順利，劇院裡的觀眾都在屏住呼吸聆聽我們說的每一句話。

「千萬不要望向皇家包廂。」我在心底不斷重複這句話，感覺似乎有一種無法抵抗的衝動想讓我朝那個方向望過去，但是我努力讓脖子不往那個方向轉過去。

我不知道皇家包廂裡坐的是什麼人，即便我朝那邊望過去，也不會有什麼大問題，因為我之前從未見過皇室的人，這一點是我之後才知道的。已故的英國國王愛德華當時就在現場觀看，女王亞歷山大也在場，希臘國王、克里蒂斯安王子與康諾特公爵都在場。克里斯蒂安王子是威廉・吉列特的私人朋友，經常會過來看他的演出。但是，這一次到現場來看戲的人全都是重量級人物。

我緊張地站在舞臺一側，等待著輪到我上場的暗號。最後，暗號來了。

「比利，我想讓你看看這些小偷。」福爾摩斯說。

這是整齣戲中一個激動人心的時刻。我必須要保持足夠長的沉默時間 —— 但也不能沉默太久 —— 才開始說話，我

第十七章　好運連連

能聽到自己的心臟在那個時刻停止了跳動，整個劇院裡的觀眾都在緊張地等待著，劇院裡一片安靜。

在安靜的這段時間，我們聽到了克里斯蒂安王子低聲說話，希臘國王也用不耐煩的口氣回答著。

「不要劇透！不要劇透！我想要自己看。」他說，「天啊，看看那個年輕人！」

我一直緊繃的神經終於崩潰了。威廉・吉列特正在想辦法挽救這個戲劇性的時刻，重複了一遍「比利，我想讓你看看這些小偷。」此時，整個劇院的人都注視著我，我轉過頭，正面看著皇家包廂。

劇院裡的觀眾都驚呆了，我感覺自己在那一刻麻木了，內心感到如冰霜般的恐懼。劇院處於一種可怕的沉默當中，而我則無助地站在舞臺上，看著希臘的國王。他緩緩地睜大眼睛看著我，臉上露出了幾條線，接著這些線條慢慢爬到了他的嘴邊，變成了一個微笑。愛德華國王突然哈哈大笑，打破了這種可怕的沉默。我再次聽到了希臘國王發出的聲音。

「我的天啊！哈哈！」

我將目光從皇家包廂那邊移走，在一陣舞臺煙霧中繼續表演。我們在這座安靜的劇院裡完成了表演，舞臺的簾幕降下來了。皇家包廂裡的人率先站起來了，接著整個劇院裡的觀眾爆發出雷鳴般的掌聲。我們再次將簾幕升起來，我就站

在西區劇院的舞臺上，與倫敦最著名的演員站在一起，向臺下的觀眾鞠躬致意。我聽到皇家包廂裡的人正在談論我的表演，興奮的感覺讓我一陣暈眩。

舞臺的簾幕最後一次降下來了，我驕傲地走下舞臺，尋找著劇組裡的其他人，想要從他們的眼中看到羨慕的神色。他們匆忙地回到了各自的化妝間，看都沒有看我一眼，沒有一個人說話。整個氣氛顯得那麼壓抑冰冷。我經過了博斯曼，但他匆匆地走開了，似乎我根本不存在一樣。

當我為第二幕表演化妝的時候，遭遇了麻煩的孤獨感在我內心滋長。雖然我十分自信地跟自己說，我朝皇家包廂那邊望過去的做法也不會有太糟糕的後果吧，因為希臘國王都向我露出了微笑，而且博斯曼也什麼都沒說。不過，要是他對著我臭罵一頓的話，我的內心會更自在一些。

我全身心地投入接下來的表演當中，充分發揮自己當時所能掌握到的一切表演技能，我感覺自己的表演還不錯，但是一種不確定與自我懷疑的冰冷感卻湧上了我的心頭。最後，表演結束的簾幕落下來了。這是這麼久以來，整個劇組的人第一次都過來看我。他們在舞臺的一側等待著，博斯曼緩慢地走出來，用平靜的眼神看著我。

「表演得還不錯吧？」我用驕傲的語氣對他說。在我的內心深處，我覺得自己才是這個晚上的焦點所在。大家聽了我

的話之後都顯得很沉默，而博斯曼則是繼續看著我。我漸漸感覺自己越來越小，很想離開這裡，但卻無法離開。

「我想你意識到自己做了些什麼。」博斯曼等了好一會才說，接著又停頓下來了。我張開了嘴巴，但沒有說一句話。

「幸運的是，可以說真的非常幸運，國王陛下對你的做法沒有放在心上。」博斯曼接著緩慢地說，他再次停了下來，「罰你 3 英鎊。」他匆忙地說，接著就走開了。我順從地離開了這個我第一次在大舞臺上表演的地方，其他演員的臉上都露出了不屑與驚訝的神色，他們可能認為我會失去這個角色。我苦澀地對自己說，這就是才華橫溢在舞臺上所收穫的成果。

在那一季的表演裡，我與威廉・吉列特合作得很好，當時的新聞報導就可以證實這點。每天早上，當我在住所的床上舒適地躺著的時候，都會認真翻看倫敦的報紙，急切地找尋每一篇關於我表演的評論，一再閱讀這些內容。我被稱為「英國舞臺上最有前途的年輕演員」、「做出了聰明的表演」、「是倫敦演比利這個角色演得最好的」。當我看著這些報導時，發現對威廉・吉列特的報導只是輕描淡寫。我感覺正是由於我的表演才讓這齣戲取得了成功。在前往劇院的路上，我都會露出驕傲與自信的神色，穿著用自己賺來的錢買到的好看衣服，揮舞著拐杖，隨意地向我認識的人點頭致意，想

像著他們在我經過之後，肯定會對其他人說：「他是約克公爵劇院裡的著名演員，我之前見過他一次。」

這個季度的表演很快就要結束了。我得知威廉‧吉列特很快就要返回美國了。我自信地認為，他會邀請我一同前往美國。一天，我早早地來到劇院，發現有人留了一張紙條給我，我隨意地打開一看，上面寫著：

「明天下午你能來聖詹姆斯劇院嗎？我想見見你。

—— 坎達爾女士。」

「哦，天呀！是坎達爾女士！」我對自己說，「她肯定有什麼好的演出要找我吧！」

第十七章　好運連連

第十八章
為自己的傲慢付出代價

第十八章　為自己的傲慢付出代價

> 我拒絕了到各地巡迴演出；我最後一次在約克公爵
> 劇院扮演比利的角色；我感到了深深的失望。

當我再次看了一眼這張紙條時，露出了輕微不屑的表情。是的，這是坎達爾女士的邀請！她是英國最著名的女演員。好吧，如果她想邀請我去表演，那麼我也要去拜訪一下她的。我只是去拜訪一下，看看她會提供什麼樣的表演機會。當然，她肯定要有很好的表演機會。我很快就會讓她知道，想要真的邀請我，就必須要有真正好的表演機會。

我在梳妝檯上用手指輕彈了一下紙條，然後開始化妝。我的內心始終想著在美國表演到底會是怎樣一種情景，想像著美國的記者在得知威廉·吉列特將英國最著名的童星帶到紐約之後，會給予怎樣熱情的報導。

「簾幕！」呼喚演員出場的雜務工經過走廊時大聲喊道。我叫住了他，匆忙寫了一張字條給坎達爾女士，表示自己明天會在十二點的時候拜訪她，接著將這張字條遞給了這個男孩，讓他去寄。接著，我就走出了化妝間，殷勤地向其他的演員點點頭，走到了舞臺的一側，等待輪到我上場的暗號。

「這一季的表演就要結束了，真是太糟糕了。」艾琳·范布勒站在我旁邊說。

「哦，這的確是一個讓人愉快的表演季。」我隨意地回答，「但問題就在於，在每場演出的中間根本沒有什麼休息時

間，演出的間隙全部用於彩排了。」

「是的。」她邊說邊用奇怪的眼神看著我。

「這樣的演出真是讓人感到厭煩，有那麼多的演員都要想辦法找下一個演出的機會。」我接著說，「現在，坎達爾女士——這位性情隨和的女士——剛剛寄了一封信給我，表示願意與我合作，我想我只能明天過去拜訪一下她了。」

「坎達爾女士——真的嗎？」范布勒女士大聲地說，她說話的那種詭異的語氣讓我感到厭煩。我對自己說，坎達爾女士的確是一名很優秀的女演員，但我卻是英國最偉大的童星。當輪到我出場的暗號出現時，我滿懷自信地走上舞臺，為自己不再需要與范布勒女士繼續這樣的對話而感到高興。

第二天中午，我來到了坎達爾女士下榻的飯店，哼著歌曲，揮舞著一根全新的拐杖，自我感覺非常良好。因為倫敦當地的報紙在這一天都正面讚揚了我的表演。我注意到飯店門口的那個男孩認出了我，似乎對我的表演印象深刻。我走進了坎達爾女士的客廳，這個客廳的確給人一種舒適溫馨的感覺。

不過，坎達爾女士不在這裡，我等了五分鐘，她依然沒有回來。我有點惱怒了，搞什麼，竟然讓我等這麼久！我看了一眼手錶，在客廳裡來回踱步，對坎達爾女士如此不照顧別人的行為有點反感。接著，我決心就這樣離開，讓她知道

我根本不吃她這一套。正當我拿起拐杖,大門打開了,是坎達爾女士進來了。她是一個看上去性情隨和、面容莊重的女人,眼圈附近露出疲憊的神色,舉止十分優雅。

「我想我只有一分鐘時間。」我邊說邊故意看了一眼我的手錶。

「讓你等這麼久,真的很抱歉。」她用柔和低沉的聲音回答說,「我們知道你與弗羅曼先生的演出在下週就要結束了。坎達爾先生與我都看過你的表演,我們組建了一個劇組,準備長達四十週的巡迴演出,我們認為你很適合扮演其中的一個角色。」

我皺著眉頭看著她。

「巡迴演出?」我冷冷地說,「女士,我很抱歉,我從未想過要離開倫敦。」我再次拿起了拐杖,匆忙地站起來。

坎達爾女士的嘴角露出一絲疲倦的笑容看著我。接著,她站起身,表示如果是這樣的話,她對占用了我的時間感到非常抱歉,並且很友好地向我道別。

「她絕對無法提供給我更好的演出機會!」當我走到電梯,煞有介事地抖了抖肩膀,在心底驕傲地對自己說。我快步經過飯店的休息室,叫了一輛計程車,大聲對司機說:「去約克公爵劇院,記得快點!」好讓路人猜想我到底是誰。

我滿懷自信地等待著弗羅曼提供給我一個機會，讓我與威廉·吉列特一起前往紐約，並且到時候要堅持加薪。每個晚上，我在化妝間都期望著能夠收到他寄過來的字條。每當遇到其他表情陰鬱的演員時，我都會露出開朗的笑容與充滿自信的表情。我對自己說，這些演員正在為自己將要面對一個不確定的未來而發愁，但我的未來卻是能夠得到保障的。我已經做出了非常優秀的表演，晚上劇院裡的觀眾爆發出的掌聲就是最好的證明。

　　最後一週《夏洛克·福爾摩斯》的演出到來了，我內心感到無比低落，因為我意識到弗羅曼接下來根本就沒有提供任何表演機會給我。每天晚上，我都在舞臺上將自己所掌握到的表演技能發揮出來，聽到臺下的觀眾爆發出雷鳴般的掌聲。我對自己說：「現在，弗羅曼知道他是多麼需要我了吧！」但是，我依然沒有收到他寄過來的字條。

　　最後一晚的表演到來了。舞臺後面似乎彌漫著像霧一般的深沉情感。在化妝間裡，沒有人開玩笑，演員們都帶著情緒在化妝，在通道裡走來走去的演員都是一臉不安，偶爾有人發出笑聲，但是這樣的笑聲比安靜更加讓人覺得壓抑。整個劇組就要解散了，誰也不知道他們接下來的表演機會在哪裡，所有人都要面對重新邁著疲倦的腳步，到各大劇院裡找演出機會的現實。他們都想要打動經紀人，找尋著渺茫的演

出機會。他們日復一日地等待著、希望著，最後只能過著貧窮與飢餓的生活。

這是我最後一次扮演比利這個角色，也是我最後一次看到吉列特先生露出的友善目光，感覺到他用手拍著我的肩膀說：「幹得好，比利！」此時，觀眾們都鼓掌。我們一起站在舞臺上，微笑著向觀眾鞠躬。當簾幕升起、降落、再升起的時候，臺下觀眾的掌聲依然沒有停下來。最後，舞臺的簾幕最後一次降了下來。

「一切都結束了。」吉列特先生疲倦地垂著肩膀說。接著，他對我們每個人說了一兩句道別的話，就走回了自己的化妝間。其他演員都匆忙回到化妝間卸妝，接下來就各奔東西了。他們都會在走廊上對其他演員說：「我的朋友，再見了！」「瑪貝爾！塔塔！後會有期！」「等等，我這就來！」「我的兄弟，祝你好運！」

我緩慢地穿上自己的衣服，無法相信這就是大家最後一晚的演出了，並且弗羅曼接下來竟然沒有提供任何表演機會給我。吉列特現在依然在他的化妝間，我在他的化妝間外面來回踱步，思考著是否要敲門，詢問一下他，我是否在表演中犯了什麼錯誤。

「我一直是整齣戲裡最受歡迎的角色，難道不是嗎？」我用挑釁的口吻對自己說，但是自我懷疑以及沮喪的情感就

像潮水一樣向我湧來，我無法鼓起足夠多的勇氣去敲門。突然，化妝間的大門打開了，吉列特穿好了自己的衣服，準備出發。在他身後，我看到了那位提著行李箱的日本僕人。

「吉列特先生，」我鼓起勇氣說，雖然我有點站不穩身子。「難道你不帶劇組裡的任何人與你一起前往美國嗎？」

「哦 —— 原來是你啊！」他驚訝地說，因為他差點在昏暗的走廊裡撞到了我。「不，哦，不帶，我不會帶任何人跟我回美國的。查理，你將比利這個角色扮演得很好。我希望你很快就能找到更好的演出機會，再見了。」

第十八章　為自己的傲慢付出代價

第十九章

成長路上的煩惱

第十九章　成長路上的煩惱

> 我最美好的願望遭到了冷漠現實的沉重打擊；我意
> 識到，在演藝界取得成功，運氣很重要；我收到了
> 一份意想不到的求救信。

我站在那裡，看著吉列特漸漸在走廊裡消失的背影，我感到無比震驚，始終不敢相信他竟然真的就這樣離開了。我無法相信一切就這樣結束了，他從來就沒有想過要將我帶到美國去。他走著走著突然停下了腳步，我的心怦地跳動了一下，接著就是劇烈地跳動，但他只是跟某個他遇到的熟人說話而已，然後就接著向前走，轉向了一個角落，他的日本僕人手提著行李箱，也跟著轉向了那個角落，他們就這樣從我的眼前消失了。

我回到了化妝間，將我的舞臺戲服以及化妝盒子整理打包好。此時的舞臺工作人員已經完成了拆卸工作，當我最後一次從舞臺的大門經過的時候，看到舞臺上已經是光線昏暗，臺下空蕩蕩的，像被世人遺棄的大街上空漂浮著一陣陰暗灰色的霧靄。我真的很想搭乘計程車回去，但轉念一想，我現在已經沒有了表演機會，無法承受搭車的費用。於是，我只能將包裹夾在手臂下，走路回我的住所。

一路上，我感覺自己彷彿置身一場糟糕的噩夢裡──我在這個夢境裡只能邁著機械的腳步，穿過一個燈光模糊的灰濛濛世界。最後，我爬上了樓梯，到了住所，但內心依然是

壓抑不住的一種朦朦朧朧的非現實感。我點亮了煤氣燈，將包裹放在床邊，接著坐在床上。我突然清楚地意識到，這一切都是真實的，演出的季節已經結束了，我去不成美國了，我身上只有幾英鎊的積蓄，而且目前也沒有其他的表演機會了。

我將之前自己扮演比利這個角色所穿的那件衣服攤開，長時間地凝望著這件衣服。對一個只有十五歲的敏感少年來說，看著自己所有美好的夢想都在瞬間破碎，這樣的痛苦是難以言喻的。我在房間裡來回踱步，緊握著拳頭，希望自己就在此時此刻死去。當我將這件衣服折疊起來，放在最靠裡面一個角落的箱子裡，接著滿心痛苦地爬上床的時候，已經將近天亮了。

第二天早上，醒來後的我感覺好多了，畢竟，我扮演比利這個角色還是取得了很大的成功，因此倫敦的很多劇場經理肯定會願意見我的。我的信箱沒有收到任何人寄給我的信件，但我對自己說，我必須要給這些人一些時間，我會在一些劇院門口張貼廣告，提到我現在「處於空閒狀態」，他們肯定會馬上過來找我的。我認真仔細地寫了宣傳的口號，穿上了我最好的衣服，接著親自將這些宣傳語帶到劇院的辦公室，一刻都不想耽擱。接著，我前去看望了母親，用輕鬆的口吻對她說，我現在只是還沒有決定該接受哪個演出機會而已。我不想讓母親為我煩心，因為她的身體還沒有完全恢復

到之前的健康狀態，現在只能躺在睡椅上休息。聽了我的話之後，母親開心地笑著對我說，她為我取得的成功感到非常自豪。

在那個月接下來的日子裡，當我每天不斷嘗試著從劇院經紀人那裡找尋演出機會，卻始終都沒有找到的時候，我的希望漸漸破碎了。一開始，我的名字能夠讓我立即得到與經紀人見面的機會，但是我見到的每一位經紀人都非常有禮貌且迅速地對我說，他們現在沒有什麼工作可以提供給我。在走出每間經紀人辦公室的時候，我的心情跌到了谷底，發現想要維持之前那種驕傲的姿態已經越來越困難了。

每天早上，我起來的都很早，想要利用白天的時間去見更多的經紀人。雖然在其他演員面前，我依然保持著「成功人士」的形象，但我只不過是想要從經紀人那裡得到演出的機會而已。我感到內心的恐慌情緒漸漸加深了。我之前積攢下來的錢也漸漸花光了，我典當了手錶、衣服，甚至連我的背包都典當了，像守財奴那樣對每分錢精打細算。每個晚上，我只在髒兮兮的小吃店裡吃價格為 2 便士的燉湯。

當我看到其他在劇院外面排隊等待與經紀人見面的演員時，依然勇敢地保持著「成功人士」的形象。當我們一起在經紀人辦公室外面等待，被經紀人辦公室的雜務工欺負的時候，他們會向我撒謊，而我也滿心痛苦地向他們撒謊。我

們都急切地想得到一個與經紀人見面的機會。演出的季節漸漸過去了，每過一天得到演出機會的機率就越來越小。在我看來，我始終找不到演出的機會，這實在讓我覺得不可思議 —— 要知道，我之前可是剛剛與威廉‧吉列特一起演出過的，並且取得了很大的成功。每天早上，我在出門前都會對自己說，這一天我肯定能夠得到演出的機會，而晚上當我拖著疲憊的身子，內心感到無比沮喪的時候，還要想著躲避著女房東，悄悄地回到自己的住所。

一天，我下定決心再也不承受這樣的折磨了。我將衣服上磨損爛了的衣領以及袖口都剪掉，擦拭了一遍我的外套與帽子，接著就去找當時倫敦最有名望的經紀人布萊斯懷特先生。布萊斯懷特是一位很有禮貌的人，總是很有禮貌地歡迎我，我像一個成功人士那樣走進了他的辦公室。

「布萊斯懷特先生，我必須要得到一個演出的機會。」我急忙說，「你知道我的工作，你知道我之前與威廉‧吉列特的表演很成功。現在，我願意接受你提供給我的任何一個演出機會，我不在乎這是否是一個小角色或者週薪是多少。難道你在巡迴演出中沒有適合我的角色嗎 —— 甚至是一個跑龍套的角色都沒有嗎？」

布萊斯懷特沉默地思考了一下，在此期間我的心都在怦怦亂跳。接著，他緩緩地說：「我記得的確有一個角色適合

你，你明天過來吧。」

　　我吹著口哨滿心愉悅地走出了布萊斯懷特的辦公室，感到一陣暈眩，感覺腳下的人行道似乎都不是很平整。透過布萊斯懷特的話語，我知道他肯定會為我提供一個表演機會的，此時我之前所有的自負心理重新得到了展現。當我走過其他經紀人辦公室的大門時，揮舞著拐杖，對自己說：「哈！哈！你們這些經紀人將會知道，你們到底錯過了什麼！」心裡想著要隨意去拜訪其中一些經紀人，告訴那些曾經對我最糟糕的人，我現在做得多好，不久就能獲得自己的演出機會。那天晚上，我用自己僅剩的 2 先令吃一頓豐盛的晚餐，吃了牛百葉、洋蔥以及麥芽酒，吃得非常盡興。

　　第二天，我懷著緊張又興奮的心情，匆忙來到布萊斯懷特的辦公室，一路上我顯得非常自信，完全沉浸於我根本不需要理會其他等候在外面的演員的情緒中。我徑直走到辦公室雜務工身邊，努力讓自己的聲音變得自然與平順，「去告訴布萊斯懷特，我到了，我跟他預約了。」

　　男孩拉起了臉，似乎對我的問話感到非常詭異。接著，他非常陰鬱地跟我說了一個震驚的消息。他說：「千萬別跟我說你不知道這件事！就在昨晚，布萊斯懷特先生被強盜槍擊了，現在還不知道是生是死呢。」

　　直到現在，我依然記得自己在下樓梯的時候跟蹌了一兩

步，感覺渾身麻木，無法正常走路。外面明媚的陽光似乎在嘲笑著我，我最後的希望都沒有了，我再也無法找到足夠的勇氣在各個經紀人辦公室裡來回奔走了，再也沒有臉去面對其他演員了。於是，我徑直回到了自己的住所，女房東在樓梯口處見到了我，抿著嘴唇死死地看著我，她的眼神似乎在說：「我知道你現在只剩下 1 先令了，你到底想要怎樣支付房租呢？」我匆忙從她身邊走過，回到自己的住所，內心感到無比恥辱。

壁爐架上放著一封信，我立即拿過來，一把撕掉信封的封口。各式各樣的思想一下子湧入我的腦海，我終於有了演出機會的想法在腦海不斷盤旋。這封信是從巴黎寄過來的，我看了一下寄信人的名字 —— 雪梨！我對自己說，我的好兄弟雪梨啊，他肯定會幫我的。接著，我認真看著這封信。

「親愛的查理：你寄過來的媒體報導，我已經收到了，我最為你感到高興了。我們始終都知道，你肯定會取得成功的，讓整個倫敦都為你拍手鼓掌，這到底是怎樣的感覺呢？我想你現在肯定是在倫敦的劇院裡大出風頭了。查理，我現在也進入了表演行業，但沒有像你這麼成功。幾個星期之後，我也許能夠找到自己的演出機會。你知道這個行業是怎樣的。你能借我 5 英鎊，或是 3 英鎊，等到我得到演出機會後就還給你。記得將我的愛意告訴母親，再次祝賀你是這個家庭裡更加聰明的那一個。永遠愛你的哥哥，雪梨。」

第十九章　成長路上的煩惱

第二十章

堅強活著真的很難

> 我想要借酒消愁，卻發現這樣的感覺更加糟糕；我想要透過努力工作去過上好生活，並且取得了一些小成功；我最終躺在病床上，說出了一件讓人驚訝的事情。

我傻傻地看著雪梨寄來的信件有一分多鐘，接著再次慢慢讀了一遍。雪梨的來信對我似乎是一種可怕的諷刺──「在劇院裡大出風頭」、「這個家更加聰明的那個」。他還想要從我這裡借 5 英鎊 ── 或是 3 英鎊 ── 而此時我的身上卻只有可憐的 1 先令。

這真是我人生中最恥辱最痛苦的時刻。一直以來，我對自己的才華是深信不疑的，還曾在雪梨面前誇下海口，如果他需要，我必然會給他幫助的。我還寄過去許多新聞剪報給他，告訴他我在劇院表演裡取得了多大的成功，表示這些成功在我看來都是微不足道的。在我的記憶裡，雪梨還是那麼的可親，但是我卻連一分錢都無法寄給他，甚至連買食物給自己的錢都沒有了。

過了一會，我拿出一張紙，想要回信給他，卻始終無法下筆。我試著寫了幾個開頭，長時間咬著筆，但內心的恥辱感與痛苦感在不斷增加，直到最後我再也無法承受了，我戴上帽子，走出了住所。

在我短短的一生裡，我犯下了那麼多的錯誤，因為錯誤

失去了那麼多，我再也無法忍受自己清醒的思想了。我想在事情好轉之前，使其變得更加糟糕。在街道的不遠處就有一家酒吧，酒吧的櫥窗邊發出明亮的燈光，溫暖的燈光照在一條被霧霾籠罩的街道上。我能聽到酒吧裡面的人在放聲大笑，我走進去了，將身上僅剩的 1 先令放在吧檯上，然後呼喚酒保拿一杯威士忌上來。威士忌酒是一種烈酒，喝下一口就讓我的喉嚨都快要燃燒起來了。但是站在吧檯旁邊，我感覺自己的自尊得到了一些恢復，我對自己說，我還沒有被現實所擊敗。我將酒保拿出來的零錢退回去，接著又叫了一杯威士忌酒。

　　我還記得大聲跟旁邊的某個人說我是誰，宣稱我是倫敦最著名的演員。有人請我喝了幾杯酒，我接著喝，跟大家說了一些有趣的故事，覺得自己變得越來越聰明與成功。我大聲地說話，吹噓著自己跳舞非常厲害。接著，我還在酒吧裡跳了一下舞，大家爆發出熱烈的掌聲。接著，大家請我喝了更多的酒，整個酒吧一片喧鬧。我與某個人迅速成為「可靠的朋友」，我向他保證，在我接下來的一齣戲裡，肯定會給他一個很好的角色。於是，我們再次喝酒。總而言之，那個晚上我喝得酩酊大醉。

　　第二天，我在一條巷子裡醒過來，覺得身體非常虛弱，內心更加沮喪，感覺到前所未有的壓抑。我漸漸意識到自己

在這個世界上已經沒有一分錢了，有的只是我身上穿的這一套破爛骯髒的衣服。我坐下來，雙手抱頭，低聲呻吟著，為自己為什麼還活在這個世界感到無比厭煩。我再也不想動一下，但過了一會，我勉強站起身子，努力走出了小巷。我知道自己必須要做些事情了。

此時，我在倫敦的北部，這裡有骯髒的倉庫與髒兮兮的鵝卵石街道，很多沉重的貨車都會在上面轟隆而過，一些笨手笨腳的馬匹也會從這裡經過，這讓我想起了在科芬園集市裡流浪的日子。我想起了自己在那裡的生活方式，接著就想自己能否在那裡找些事情來做。一想到過去那麼多星期一直在跑的劇院，我就感到噁心，我討厭劇院。我對自己說，以後再也不要成為一名演員了。

我找到了一個用於灌溉的水槽，洗了一下雙手，接著用冷水沖了一下頭，瞬間感到清醒了許多。我決心再也不回我的住所了，還留在住所裡的一些東西應該能夠抵上房租，我也不想再見到那位女房東了。一想到母親現在的狀況，就讓我無顏去面對她。但是，我對自己說，多布絲女士會照顧她的，等到我找到了工作，就寄房租給她。接著，我就出去找工作了。

這天下午，我找到了一份工作，這是一份非常辛苦的工作，要將沉重的木桶從倉庫的一端滾到另一端，然後還要將

這些木桶搬到火車上。我當時只有十五歲,身材瘦削,但我還是成功地勝任了這份工作,雖然在這天的工作遠沒有結束的時候,我身上的每一塊肌肉就隱隱作痛。我一週的薪水有 10 先令,並且可以在倉庫後面的貨車裡睡覺。我在這裡工作了一個星期,最後領班對我失去了耐心,找了其他人來代替我。

我在這裡工作的時候結交了幾個朋友,其中一個朋友幫我找了一個工作,就是為一家牛奶公司做司機。這是一份相對輕鬆的工作,雖然我在凌晨時分必須要上班,駕駛著馬車經過寒冷黑暗的街道,一直工作到清晨。馬匹每一次扭頭,都會拉扯著我的手臂。在黑暗的街道上送牛奶,實在是睏得不得了的時候,我都是跟蹌著腳步。過了一段時間,我賺到了足夠的錢,可以租一間沒有窗戶、髒兮兮的廉價房子了。我早餐與午餐吃的是小圓麵包,喝的是偷來的牛奶。我始終都不敢去看望母親,但我在一封寄給她的信件裡還是寄去了幾先令,告訴她我現在很好,工作很忙碌,好讓她不會為我擔心。

一天早上,我偷喝牛奶的事被發現了。那天早上,我實在是太飢餓了,一下子喝了太多牛奶,老闆憤怒地咒罵著我,於是我再次失去了工作。我在大街上四處遊蕩,思考著自己接下來該做什麼工作。此時,我看到一群人正在一家玻璃工廠門前聚集著。此時的天色還很早,時間大約是凌晨四點鐘左右。但是,數百名成年人與男孩都已經聚集在工廠

門口等候了。我努力推開其他人，詢問他們到底發生了什麼事。

絕大多數男孩都用慍怒的眼神看著我，沒有回答。但是其中一個人讓我看了一眼廣告宣傳紙，上面寫著：「玻璃工廠招人，每週薪水7先令。」我的心怦地跳了一下，我可能就是幸運兒！我盡可能擠到了靠近大門的地方，然後在那裡等待著。在早上七點，大門開了，人群開始興奮地攢動起來了。每個人都大聲向那位站在大門口處的人興奮地喊叫著。

我機敏地爬到了前面那個人的後背上，用雙膝夾著他的脖子，大聲地喊：「先生，選我！」我之前在劇院裡接受的訓練讓我知道該如何運用自己的聲音，那個人在吵雜的聲音中聽到了我，抬頭看著我。

「我想要在冷藏室裡找一個有經驗的男孩。」他說，「你有經驗嗎？」

「哦，先生，我有經驗啊！」我回答說。而被我騎在後背上的人則想辦法將我拉下來。

「好吧，你進來吧，我給你一個機會吧。」那個人對我說。其他人則失望地回去了。我從人群裡衝出去，迅速地跑進工廠。

這份工作其實就是將瓶子從熔爐間搬到冷藏室。我完全是憑藉意志力在工作，從非常酷熱的房間裡走進非常寒冷的

房間，手裡還要端著沉重的托盤，盡可能地來回往返。無論我走得多快，始終都還有更多的瓶子等待著我去搬動。站在熔爐間的那個赤膊的傢伙在火爐旁邊流著汗，在我來回往返的時候咒罵著我。在中午休息的時候，我實在太累了，連吃東西的力氣都沒有了，於是就躺在一個角落裡休息。但在我渾身顫抖的肌肉尚未完全停止跳動的時候，下午的工作就開始了，領班大聲催促著我要快點工作。

我的大腦感到一陣突如其來的奇怪痛感，一陣暈眩襲來，我將托盤上的盤子掉在地上，不止一次將大門附近的地面搞得一團糟。但我咬緊牙關，繼續搬動。我不想失去這份工作，要知道這份工作的週薪差不多有 2 英鎊。

我一直堅持到了下午快要下班的時候，身上流著汗水，牙齒在哆嗦，雙腿都變得越來越不聽使喚了。接著，當我在熔爐旁邊彎下腰，準備舉起一個托盤的時候，突然間爆發出一陣光亮與熱浪 —— 這是一次巨大的爆炸！所有事物都被捲入到火焰當中，接著我的眼前就是一片黑暗。

當我再次醒來的時候，已經是躺在床上了。我感覺到身上纏繞著繃帶的地方一陣鑽心的痛。我聽到自己正在激動地說話：「我是倫敦最著名的演員，我告訴你，我就是倫敦最著名的演員！」而其他人則努力地安撫我的情緒。

第二十章　堅強活著真的很難

第二十一章
向死而生

> 我在一家倫敦醫院裡需要面對一條無法迴避的規定，這讓我感到非常恐慌；我與自負進行了一場戰鬥；我沒有想到會面臨一個讓人尷尬的情景。

　　我並不覺得在醫院裡躺著有什麼不好的，反正我在這裡有吃有住的，雖然燒傷還是很痛，但能睡在乾淨的床上，這已經讓我感到非常高興了。我整整在病床上躺了三個星期，感到心滿意足。當我在晚上睡不著的時候，就會回想起自己之前在舞臺上的一些表演經歷以及我之前犯過的一些錯誤，最後還嘲笑一下自己。這是我唯一得到的寶貴教訓。

　　生活有時會讓我們栽一個跟頭，每走一步都可能摔破鼻子。當我們摔倒之後，唯一能做的事情就是爬起來，然後自嘲一番，這是我們取得成功的唯一途徑，同時還能將重重的挫折變成前進的墊腳石。如果我不是那麼早熟，不是那麼自滿驕傲，那麼我也就無法過度想像一些非現實的事情，並且認為這些事情就是真實的，我也絕對不可能在舞臺上取得成功。如果我不是那麼早熟、驕傲自大的話，我也不會輕易地放棄坎達爾女士給我的那個機會，最終淪落到這般田地。我感覺自己就像是一頭愛爾蘭犬，但生活肯定是要跟我們開一些玩笑的。因此，我就淪落到現在這個地步。

　　在醫院的病床上躺了三週之後，我的燒傷已經痊癒了。一天，護士過來對我說，我必須要離開醫院了。

「很好。」我說,「但是我該怎麼離開呢?我沒有自己的衣服。」

「我的天呀!」她說,「我 —— 但是你也知道,你不能繼續留在這裡。」

「妳能借我一套衣服嗎?」我問,「我必須要有衣服穿才能出去啊。」

「哦,不行,我們不能那樣做。」她皺著眉頭回答說,接著就走開了。我躺在床上,咧嘴笑著,歡喜地吃完了我的晚餐。第二天,醫生過來看我,撓著頭說,我的身體已經完全康復了,應該出院了,而且是必須要出院,還說我必須要找到自己的衣服。

「要是我不走出醫院、努力賺錢的話,我怎麼會有自己的衣服呢?要是我根本就沒有自己的衣服,那我又怎麼出去賺錢買衣服呢?」我問他。

「有沒有什麼辦法給這個傢伙衣服穿呢?」醫生問那位護士。護士說她也不知道,因為之前從未遇到過這樣的情況。護士表示要請示醫院的主管。她與主管一起過來,他們三人都看著我。主管用堅定的語氣說我必須要出院了,因為我繼續留在醫院是違反規定的。我堅定地回答說,我不可能不穿著褲子就這樣走向倫敦的大街啊。主管不說話了,接著走出去了。

這件事在整個醫院引起了一陣騷動。我之前穿的衣服在那次爆炸中完全爛掉了。醫院規定我必須要出院，但是這樣的規定也沒有為我提供任何的衣服。我不可能就這樣光著身子去大街。沒有人會覺得我的說法是過分的。醫院的管理者也不得不面臨這樣的壓力。

　　第二天下午，一位來自救濟窮人社團的代表過來看望我，她問了我許多問題，在一本書上記錄著，接著就走開了。又一天過去了，那位護士見到我依然沒有衣服穿，臉色一下子就白了。

　　此時，很多人都在謠傳一個消息，那就是醫院方面即將會用一張毛毯將我捲起來，然後在晚上將我扔出醫院。但這樣的消息與事實是不相符的，因為醫院的規定也沒有指出誰該為這條毛毯買單。一些友善的病人要求我態度堅定些，友善的護士告訴我不要擔心，醫院的主管也被一些慈善機構的規定搞得一頭霧水，因為這些慈善機構也不會在慈善醫院裡提供病人衣服。

　　一些人很自然地就將怨氣出在我身上，說我不遵守醫院的規定。雖然如此，我每天還是照常吃到食物，晚上照樣安安穩穩地睡覺。在第四天的時候，當醫院覺得必須要有所行動的時候，整個情勢突然明朗起來了，雪梨回來了。

　　原來，救濟窮人社團的代表在調查過程中知道了我母親

的地址，找到了雪梨。當時的雪梨正在東部劇院那裡表演，非常擔心我這麼久以來到底去哪裡了。當他聽到了我所面臨的困境後，就立即過來幫助我，將我在醫院裡混吃混住的安逸日子打破了。他帶了衣服給我，於是我就跟著雪梨離開了醫院，這讓醫院裡其他想看好戲的病人感到很失望。

吃飽喝足了，再加上雪梨的鼓勵，我再次決定去找經紀人。有時，雖然我真的很討厭再次來到劇院附近，但是當我再次在各大經紀人的樓梯上走上走下的時候，在辦公室外面與其他等候的演員一起自吹自擂的時候，我有一種回到家的感覺。我一般都會在辦公室外面等待數個小時，最後卻被辦公室的雜務工簡單的一句話「經紀人不想見任何人」就打發走了。有時，當我走進了裡面的辦公室，還是會遭遇同樣的結果。「現在沒有什麼演出機會，目前整個行業都非常蕭條，下次再來吧。」接著，我就走出了經紀人的辦公室，依然表現出很快活的樣子，只是努力隱藏內心的失望，沿著樓梯往下走，接著來到其他經紀人的辦公室繼續等待。

我母親住的那個房子的女房東多布絲女士搬到了斯維貝居住，她為人非常友善，也關心我母親的情況，表示同意收很少的租金將她一同帶過去。雪梨與我住在阿爾弗雷德一所只有床的廉價房子裡，我很討厭晚上不得不面對他的情景。

「有什麼消息嗎？」他總是這樣問，雖然他問的語氣非常

友善，但我真的很害怕他這樣問，只得說：「沒，還沒有呢。」這樣的回答真的很傷我的自尊。在再次見到雪梨的這幾個月裡，我每天都感到很痛苦。但是下面這件事則徹底傷害到了我的自尊心。

「你每次都在談論你曾在舞臺上扮演主角，還說與威廉‧吉列特一起表演過，這又有什麼用呢？」某天，一位經紀人這樣對我說，「你說過，你願意考慮任何表演的機會吧，好吧，戴利那邊下週正準備舉行凱斯馬戲團的喜劇巡演。這次表演有十五個角色，每個角色都還沒有人選，你可以看看。」

走出這位經紀人辦公室的時候，我的內心很猶豫，因為雖然我之前對自己說過很多次，願意接受任何角色，但我之前從未想過自己會在凱斯馬戲團這樣的地方表演。這幾個月來殘存的自尊心一直讓我在思考這個問題——我，這位之前曾在西部劇院表演過主角的人，竟然要到一個第四檔次的低俗地方表演庸俗的喜劇——為什麼要這樣做呢，這甚至比我在《白手起家》劇組裡的表演還要糟糕。我曾堅定地對自己說，絕對不能這樣做。接著我又想到了雪梨，只能咬著嘴唇，內心苦苦地掙扎著。

最後，因為內心感到無比的恥辱與憤懣，我決定去戴利那裡面試一下。至少有一百多名三流的演員站在他辦公室外

面的樓梯上，這些人都差點要堵塞這條街道，很多人甚至在他辦公室大門打開之前就坐在路邊了。我擠進了人群當中，卻被廉價的香水味以及骯髒的樓梯散發出來的臭味熏倒了。在等待的三個小時裡，我時時刻刻都在怨恨著自己，怨恨這樣的場景。但我還是留下來了，內心反而希望戴利不會給我表演的機會。至少，我能感覺自己已經盡力了。

最後終於輪到我了，我擺了擺帽子，抖了抖肩膀，大步走進去，決心再次展現自己的驕傲與尊嚴。戴利是一個很胖的人，臉龐紅紅的，他穿的外套沒有扣扣子，坐在椅子上叼著一根雪茄菸。

「戴利先生，」我說，「我 ── 」我不知道此時到底發生了什麼，我的腳打滑了，我想要努力站起來，卻又再次打滑，最後整個人都躺在椅子旁邊。最後，我用膝蓋頂著椅子，勉強地站起來，「想要一個角色。」我有點發怒地說。

戴利哈哈大笑起來，甚至笑到都有點噎住了。他將椅子轉到一邊，接著繼續笑，再次噎住了，臉漲得通紅。

「你很好。」他最後說，「太棒的入場方式了！太棒了！週薪 10 先令再加上火車出差費用，我的朋友，你覺得呢？」

「我不能接受。」我反駁道。

第二十一章　向死而生

第二十二章
喜劇演員

第二十二章　喜劇演員

> 我想要更加認真地對待工作；我抓住機會加薪；我
> 再次動起前往美國的念頭。

戴利根本不想讓我走，他因為笑得太厲害，眼淚都出來
了，他忙不迭地將這些快樂的淚水擦拭掉，接著1先令1先
令地增加我的薪水。我根本無意去參加什麼喜劇表演的話反
而讓他感到非常高興。當我意識到他似乎真的有意給我一個
表演的機會，我也開始不那麼傲慢了。我對自己說，這樣的
機會不是每個人都能得到的，畢竟誰能像我那樣，在一張桌
子前摔倒都能具有那麼強烈的喜劇效果呢？

戴利的反應讓我內心感到愉悅，底氣也足了起來，最
後，我們達成了一個協定，接受週薪1英鎊的提議，並且要
確保我長時間都能有表演的機會，但他對我的要求是一定要
長時間有這樣的喜劇表演。我同意成為凱斯馬戲團的成員，
吹著口哨回到自己的住所，終於在雪梨面前挽回一些自尊的
顏面了，因為我終於有屬於自己的演出機會了。

第二天，我們就在一棟公共建築裡一個髒兮兮的昏暗房
間開始彩排——十五名衣衫襤褸、看上去飢腸轆轆、臉色
蒼白的男孩都想要在那個身材肥胖、滿臉肥油、散發出麥芽
酒氣味的經理面前展現自己搞笑的能力。一開始，這對我來
說是一項困難的工作。因為搞笑的表演雖然很困難，但還是
容易做到的。但在這樣一種環境下做出搞笑的表演，這是我

內心深處非常厭惡的，因此這也讓我覺得想要做出搞笑的表演是一件不可能完成的任務。這位經理不止一次大聲咒罵著我，我感覺似乎將這一切都搞砸了，很想要放棄這個機會。但是一想到之後還要繼續在各大劇院門口像個乞丐那樣來回奔走，成為雪梨的負擔，我就咬緊牙關，想要堅持下去。

凱斯馬戲團將要表演滑稽喜劇，想讓觀眾看得哈哈大笑。我在劇中扮演博迪醫生的角色，這是一位有名無實的江湖郎中，經常在倫敦的街角處擺起攤點，然後吸引很多人聚集起來，接著宣稱自己的藥物能夠治好一切疾病，而且竟然還要收 1 先令的費用。一天下午，我看了這位醫生的行為舉止，產生了一個很好的主意。在彩排階段，我按照經理的要求去做，但在表演的那天晚上，我會按照博迪醫生的本來形象去表演 —— 我會在表演中加入許多有趣的角色描寫，即便是在最低級的音樂廳裡觀看表演的觀眾都能看出這是很高難度的表演技巧。到時候，一些著名的劇院經理就會過來將我挖走，將我帶到西部劇院。

這個想法在我的內心不斷成長。雖然我內心很厭惡這位經理整天灌輸那種要表演廉價、信口雌黃的滑稽戲給我們，但我稍微用心還是通過了彩排，匆忙走出外面觀察那位江湖郎中的行為，接著在我住所裡面的鏡子前不斷訓練。我感覺自己表演得很好，為自己的表演很快就能吸引很多著名劇院

第二十二章　喜劇演員

經理的目光而感到陣陣驕傲。

　　公開表演的那個晚上到了，我匆忙來到東部音樂廳那間臨時搭建的化妝間，心情就像一個男孩第一次偷竊一樣緊張。我的化妝必須要讓我看上去像一個真正的博迪醫生，在我被經理逮住之前就要進入舞臺上。我來到了舞臺上，卻沒有化上我本該化的滑稽裝扮，我知道自己肯定能夠演好這個角色。當其餘十四名男孩都在同一個化妝間裡爭奪著一面鏡子，吵鬧得很大聲，彼此還罵對方綽號的時候，我則悄悄地在臉上塗抹著。

　　整個空氣中似乎都彌漫著一股興奮的氣氛。那位經理將頭伸進了一扇門，大聲地說著凱斯本人就在前面坐著，他絕對不能忍受大家糟糕的表演。我們都聽到他匆忙走開的腳步聲，同時聽到他咒罵著布景工人，因為布景工人在布景的時候出現了一些錯誤。臺下的觀眾都有點惱怒了，我們在後臺隱約能夠聽到他們大聲說話與吹著口哨。在我們出場表演之前，之前的表演可能都會讓觀眾高興不起來。在這樣混亂的情況下，我還是努力地化好了妝，穿好了衣服，卻對自己即將要戴的那頂高帽子感到困惑了，因為戴上這頂帽子會直接遮住我的耳朵。我在帽子裡面墊進了一些紙張，使戴在我頭上的帽子能夠呈現出正確的角度。此時我的內心很緊張，卻對自己走上舞臺後的表演非常自信。我悄悄地走出了化妝

間，接著在後臺一側最黑暗的角落裡等待著。

那個一開始登場的男孩表演得很差，因為他錯過了自己出場的暗號，臺下的觀眾發出陣陣噓聲。經理馬上跑過來找我，看到了我的化妝之後，一臉驚駭。

「什麼！你不能就這樣登上舞臺！」他一邊抓住我的手臂一邊憤怒地說。

「別管我！我知道自己正在做什麼！」我憤怒地說，努力掙脫他的束縛。我的宏大計畫絕對不能在最後一刻被毀掉。這位經理再次抓住了我的手臂，一臉憤怒。但是我就像一條渾身滑溜溜的鰻魚，做出了迅速的動作。我掙脫了他的手臂，立即拿起我的拐杖，接著提前半分鐘衝到舞臺上來。

置身舞臺的光線當中，我很快就進入了角色。我下定決心要好好地演出，讓觀眾們捧腹大笑。站在舞臺上的那個男演員被我突如其來的出場驚呆了，他沒有想到我會突然出現，說話的時候結結巴巴，向後退了一步。我緩步走上前，感覺到觀眾的目光都聚集在我身上。我做出了事先訓練過的姿勢，手裡拿著拐杖 —— 我握住了拐杖的底端！這根拐杖沒有掛在我的肩膀上，反而落在舞臺上發出噠噠的響聲。我一臉驚訝，彎下腰去撿起拐杖，我那頂高高的絲質帽子從頭上又掉了下來。我俯下身子撿起帽子，迅速戴上帽子，帽子裡面的紙張又掉下來了。我發現自己的整個頭都被埋在一片黑

色的東西裡面。

　　臺下的觀眾發出一陣爆笑。我將帽子放在一邊之後，故意用嚴肅認真的態度說著一些臺詞，臺下的觀眾哄堂大笑，笑得頭都左右兩邊搖來搖去，直到他們笑到都快要喘不過氣來。我在臺上的表演越認真，臺下的觀眾就越是覺得滑稽。最後我從舞臺上下來了，臺下的觀眾爆發出陣陣的掌聲與笑聲，紛紛要求我再次回到舞臺上。那天晚上，我的表演非常成功。

　　當觀眾第二次允許我離開舞臺的時候，凱斯親自來到後臺，在舞臺的一側見我。他說：「小子，你的演出非常成功，這是你自己的想法嗎？」

　　「哦，當然是的。」我驕傲地回答，「還不是很糟糕吧。」我誇獎自己說，「我沒有按照經理預先為我安排的方式去表演。」我及時地抓住了這個有利的時機，提出了週薪 2 英鎊的要求，凱斯滿足了我的要求。

　　接下來的一個星期，我被報紙上稱為「查理‧卓別林，倫敦最搞笑的演員。」每當有我參加的演出，音樂廳裡都是人滿為患。我無意中找到了搞笑演出的祕密 —— 那就是出其不意。一種想法本來是要朝著某個方向前進的，卻突然間走到了另一個與此相反的點。「哈！哈！」你會笑著這樣說。這樣的表演每次都是那麼奏效。

我一臉嚴肅，鄭重其事地走上舞臺，在一張舒適的椅子前停下了腳步，優雅地撥弄了一下我穿的燕尾服的燕尾——接著坐在了一隻貓上面。這件事本來是沒什麼的，特別是如果當你考慮到那隻貓的感受的話。但是，你卻會哈哈大笑，你之所以哈哈大笑，是因為這是你之前沒有想到的。你大腦裡的神經受到了一些意想不到的震撼，這會讓你哈哈大笑，這是你無法控制的。剝洋蔥會讓你流淚，看見一個胖子手裡拿著一個布丁，然後坐在這個布丁上面，卻會讓你發笑。

　　在凱斯馬戲團兩年的巡迴表演中，我漸漸放棄了之前要在戲劇舞臺上扮演那些嚴肅角色的念頭。我開始喜歡喜劇表演，喜歡聽到臺下的觀眾爆發出來的笑聲，希望看到臺下的觀眾心情愉快，想要讓觀眾在觀看的過程中得到樂趣。我過往的自信與驕傲漸漸又回來了，當然，這樣的自信與驕傲與之前是不同的。我再也不會像之前那樣過分看重這樣的自信與驕傲。當我走過各個劇院，看到其他演員不如我這麼幸運，我的內心只是一陣溫暖而已。

　　一天，我意氣風發地走過劇院大街，哼著小調冷漠地揮舞著拐杖的時候，我遇到了之前那位曾在《白手起家》劇組裡一起共事的喜劇演員。

　　「我的哥們，」他跟上了我的腳步，急忙地說，「你現在能夠幫幫我嗎？卡爾諾那裡有一個很好的機會——我知道

他現在要帶一個劇組前往美國，其中有六個角色都還沒有人選，這是不錯的機會吧？現在連乞丐都不聽我說話，但是他肯定會聽你的。看看你能從他那裡得到什麼機會，然後順便幫我說一句好話吧，好嗎？」

第二十三章

開啟美國夢

> 我讓一位推廣者感到震驚；我夢想著在一個到處都
> 是摩天大樓與水牛的地方取得偉大的成功；我等一
> 個消息好長時間。

美國！佛萊德・卡爾諾！

這些詞語就像火箭那樣，在我的心裡升空了，激發出我成千上萬的想法。佛萊德・卡爾諾可是倫敦最著名的喜劇製作人，他的一句話就能製造出整個歐洲最著名的喜劇演員！我彷彿已經看到了媒體日後的新聞報導——「查理・卓別林，偉大的喜劇演員，卡爾諾製作公司旗下的演員」。美國是在大西洋對岸的神祕國度，我之前已經聽別人說過，那裡的人對待半英鎊就像我們對待 6 便士一樣。在紐約，那裡的建築都是十層、二十層甚至是三十層高，空中都掛著用電燈照亮的巨幅標語。芝加哥則是生產製造肉類罐頭的地方，而在這兩個城市之間，就是一大片平原，平原上有著成千上萬頭水牛與茫茫的原始森林，火車會以極快的速度穿過這片森林。我可以從火車的車窗裡看到美國那些紅臉的人在帳篷外面生起篝火的情景！我身邊的這個人說，我有機會可以與卡爾諾一起前往美國。

「我的兄弟，過去見見他吧，求你了。」這位上了年紀的喜劇演員用懇求的語氣說，「他肯定願意立即見你的，雖然他讓我像一條狗那樣在他的辦公室外等了很久。到時候記得幫

我說句好話，讓我也有機會去見見他。我已經介紹了這麼好的一個機會給你了，你不會忘記老朋友吧？」

「嗯，當然不會啦，當然不會啦！」我用高傲的口氣向他保證，「我會認真考慮的，現在我想起來了，佛萊德前幾天跟我說過要派一個劇組前往美國。我下次見到他的時候 —— 我向你保證，我下次見到他的時候 —— 我一定會幫你說好話的，你可以放心。」

我揮手向這位滿嘴說著感謝之詞的朋友道別，拒絕了他說要一起喝一杯的請求。我叫了一輛計程車，要求司機立即開走。我想要獨自思考一下這個美好的前景。我在凱斯馬戲團取得的成功，在卡爾諾面前根本是微不足道的。美國！佛萊德·卡爾諾！為什麼不呢？我這樣問自己，我有能力讓觀眾發出笑聲，卡爾諾先生旗下的演員沒有誰在這方面比我做得更好了。只需要給我一個機會，讓我向他展示我所擁有的能力就行。

滿心興奮的我能夠感受到血液都在太陽穴位置上跳動了，身上的每一根神經都在顫抖。我用拐杖敲了一下車窗，對司機說要快點將我送到卡爾諾的辦公室那裡。「要是你能在五分鐘之內將我送到那裡的話，我會多給你 1 先令。」我大聲地說，接著靠在座位上。車子的速度明顯比之前快了一些，在路上晃動了一下。我只希望自己能夠在角色被其他人

占去之前趕到那裡。

　　我邁著自信輕盈的腳步走進了卡爾諾的辦公室,將我的興奮之情隱藏在一臉高傲的表情裡面。當我將名片遞給辦公室裡的雜務工時,努力控制自己的雙手不顫抖。我深吸了一口氣,回想起我這兩年來在凱斯馬戲團的表演得到的各種媒體讚譽,努力想給自己打氣,但卻發現這也沒有什麼用處,因為卡爾諾的的確確是一位大人物。當雜務工回來將我引入裡面的辦公室時,我感覺自己的雙膝都快要軟掉了。

　　「哈,你來得可真快啊!」卡爾諾用愉悅的口吻說,揮手示意我坐在一張椅子上。這種出乎意料的招待讓我一時摸不著頭腦。

　　「哦,是的。我 —— 我剛好路過。」我迷糊地回答。

　　卡爾諾靠著椅子,小心翼翼地將指尖套放好,微微揚起嘴角認真地看著我。我沒有說話,不知道自己該說些什麼。過了一會,卡爾諾站起身來,開口說話了。

　　「正如我在字條裡提到的,」他開口說話了,整個辦公室似乎要在身邊爆發出一個巨大的煙火。他之前寄過字條給我,那麼他肯定是想要我了。這樣的話,我就能跟他談條件了。「也許,我可以在下一季的表演裡用到你。」他接著還說了其他話,但我只記住了這句。

「可以啊。」我立即回答說，「在你的美國劇組裡啊！」

「我的美國劇組？不是的。這個計畫到現在還不是很明確，」他回答說，「但是，我能在《修理工》這個巡迴演出劇組裡找到一個角色給你，演出時間是三十週，週薪是 3 英鎊。」

「不，我不會考慮的。」我堅定地回答，「我想要在你的美國劇組裡表演，週薪至少要 6 英鎊。」6 英鎊，這可是一個很高的薪水，是我之前得到的薪水兩倍之多。當我聽到自己這麼說的時候也很吃驚，但我告訴自己必須要堅持這個要求。我是一位偉大的喜劇演員。佛萊德・卡爾諾本人之前也派人送過字條給我，因此，我肯定值這個薪水。

「6 英鎊！這樣的薪水從來都沒有聽過，我沒有支付過這麼高的薪水。」卡爾諾口氣強硬地說。

「6 英鎊，一分都不能少。」我堅持說。

「這樣的話，我恐怕不能用你了，祝好。」他回答說。

「祝好。」說完，我立即站起身，離開了他的辦公室。

那天晚上，我像之前從未表演過那樣去表演。從我走入舞臺的那一刻到我離場再到我一再被要求進入舞臺上表演的整個過程裡，臺下的觀眾們始終都在發出笑聲，最後我只得鞠躬向觀眾示意，最後走下了舞臺。我從舞臺戲服的口袋裡

找到了卡爾諾寄過來的字條。當我對著鏡子卸妝的時候，對著鏡子露出了勝利的笑容。

「他肯定會找我的，等著吧！」我自信地說。即便是雪梨勸我無論卡爾諾給我多少薪水，都要抓住這個機會的話都不能動搖我的決心。

「我以後一定要去美國。」我堅定地對自己說，「而且我的週薪不能低於 6 英鎊。美國的生活成本是非常高的，那裡的住所都有安裝嵌入式浴室，而且這些都是雙倍收費的。我必須要堅持 6 英鎊的週薪，並且一定要拿到。我絕對不該對此感到膽怯。」

在接下來幾個月的時間裡，我的內心對此產生了多次的憂慮，但我咬緊牙關，堅定地對自己說，既然我說了要週薪 6 英鎊，就必須要有 6 英鎊。我整天在住所裡研究喜劇效果，比方說連續幾個小時練習從椅子上跌倒或是不小心絆倒了我的拐杖，直到我渾身都是瘀青。但是，當舞臺的簾幕在晚上拉起來之後，我已經準備好了讓觀眾笑得肚子痛，直到他們最後笑得眼淚都流到臉頰上。

「那邊有什麼消息嗎？」雪梨每天晚上都會這樣問，但我每次都自信地回答：「還沒有。」「他肯定會再來找我的，別怕！」一想到我得到的掌聲以及媒體的讚揚，我就覺得內心一陣溫暖。

凱斯馬戲團這一季的表演即將結束了，我小心翼翼不將自己要離開的想法讓經理知道，但我也拒絕要繼續依賴於這樣的經理。我每天都在焦急地等待著來自卡爾諾的字條。

　　「不要擔心，當時機成熟了，我會幫你說好話的。」每當那位老喜劇演員過來問我有什麼消息的時候，我都會這樣敷衍地回答，「大哥，你也知道這個行業是怎樣的，你必須要不卑不亢地與這些大人物打交道。」

　　最後，卡爾諾的字條還是送來了。一天早上，這張字條終於送到了我的住所，字條是從劇院那邊轉過來的。當我在穿衣服的時候看到這張字條，興奮得渾身顫抖。我強迫自己緩慢地吃早餐，在出發去卡爾諾辦公室之前消磨一下時間，我不想太早去那裡，不想表現出自己急切的心情。當我最終出發搭乘計程車的時候，覺得計程車的速度就像是螞蟻在地上爬一樣慢。

　　「我能幫你在美國劇組裡找到一個角色。」卡爾諾說。

　　「很好。」我冷靜地說。

　　「哦，至於薪水方面……」他接著說，但我馬上打斷他的話。

　　「薪水？」我聳了聳肩說，「為什麼還要談薪水的問題，我們之前不是已經談過了嗎？」我隨意地揮著手說，「週薪 6英鎊。」

他皺著眉頭看了我一會，然後笑了起來。

「好吧，就依你說的。」他微笑著說，接著拿出了合約。

三週後，我得到了在美國演出整整一年的機會。我期待著在美國東部那些摩天大樓下的凱斯馬戲團以及美國蒼茫的西部奧芬劇院表演，順便見一下那裡紅臉的人。我站在一艘蒸汽船的甲板上，看到了紐約這座城市粗獷的天際線在海面上升騰起來。

第二十四章
轉向電影

我在美國這片陌生的土地上發現了很多奇怪的事物；
我第一次來到舊金山；我在電影公司獲得了超乎想
像的熱情接待。

　　四年前，我才二十歲，當我站在蒸汽船的甲板上，看到
美國這片土地漸漸進入我的視線的時候，我對美國的真實感
受就是，紐約以西的地方就是一片廣闊的森林，那裡住著很
多印第安人，還有成群成群的水牛。我這樣的理解可能會讓
一些人覺得不可思議。但若是人們知道我之前都是在倫敦這
樣大城市裡生活的話，就會知道我有這樣的想法其實是很正
常的。我從小就生活在一個讓自己思維受限制的地方，我唯
一接受的一點教育都是母親教給我的，還有就是我所讀到的
一些傳奇故事。美國作家菲尼莫爾‧庫珀在他的書中為我描
述的美國是一百多年前的美國。身為一個來自英國的少年，
我又怎麼知道美國這片大陸能在這麼短的時間內發生如此巨
大的變化呢？

　　在蒸汽船的甲板上，一想到自己馬上就能置身於紐約的
許多摩天大樓中就渾身顫抖，這種感覺就像一個男孩被人
送到了火星或是其他任何不真實的世界裡，因為在這片土
地上，任何事情都是可能發生的。事實上，在我的思維世界
裡，最奇怪的一件事情就是我感覺自己置身於一個全新的世
界。當我上岸之後，這就是我的第一個感覺。當我與美國劇

組的經理里維一起走上跳板，就被一個穿著華麗的肥胖小男人拉住了，他走上前熱情地用雙手拉著他的手。

「歡迎！歡迎來到我們的國家！」他大聲說，「里維，你感覺還好嗎？一切還順利吧？」

里維非常友善地回答，那個個頭矮小的男人轉身看著我說：「這個小孩是誰？」

「這位是卓別林先生，我們的首席喜劇演員。」里維說。而我則對他說的「小孩」這個詞感到有點生氣。我才知道，這個肥胖的男人名叫馬庫斯・羅伊，是紐約戲劇界的一位製作人。他熱情地與我握手，立即說：「歡迎，年輕人，你之前沒有來過我們的國家吧？」

「我從未去過柏林。」我口氣僵硬地說，「我也從來沒想過要去那裡。」我粗魯地補充到，因為他說「年輕人」這個詞讓我有點生氣。

「我是說美國，你喜歡美國這個國家嗎？現在這就是我們的國家了。在這裡，我們都是美國人！」馬庫斯・羅伊說話的聲音充滿熱情，我一臉驕傲地表達了自己的驚訝之情。「要我說，這是一個奇怪的國家。」我對自己說。外國人以及其他所有人，都稱他們為這裡的公民！即便是在美國這樣一個任何事情都可能發生的共和國裡，這樣的叫法也太離譜了吧。

在接下來的幾個星期裡，這都是讓我印象最深刻的事情。在我看來，德國、英國、愛爾蘭、法國、義大利以及北美地區的人都在這裡融合起來，變成一個國家 —— 在我看來，這是難以置信的，像是違背自然法則的。我一直對此感到非常驚訝。這裡的高樓建築比我想像中還要高，百老匯大街的電燈標識牌比我想像中更加龐大，甚至連這裡的街道交通工具發出來的刺耳聲音都與倫敦大街上的喧嘩聲是不一樣的。在我看來，美國這個多元種族國家真的是太奇怪了。事實上，我足足花了幾個月時間才適應這樣的情況。幾個月之後，我才終於感受到這帶來的好處。我為自己能夠成為這個國家的一員感到高興。

　　我們當時表演的是一個名叫《倫敦音樂廳》的晚上上演的小品節目，很多人可能到現在都還記得。我在劇中扮演的是一個醉漢，主要負責喜劇部分的表演。這齣戲取得了很大的成功。因此，我在接下來的兩年時間裡持續地扮演這個角色，兩次從美國東西部來回奔走。

　　在我看來，美國的城市數量似乎是無窮無盡的，就像是華人做的那些小孔一樣，一邊一個小孔。無論你拿出了多少個小孔，始終都會發現裡面還有更多的小孔。我之前想像著在美國這個幅員遼闊的大陸上零星地散落著一些大城市 —— 紐約、芝加哥、舊金山 —— 並且這些城市相距十分遙遠。正

如我所想的，這些城市相隔的距離的確很遠，但是這些城市間隔的一大片地方卻有數不清的城市。紐約、水牛城、匹茲堡、辛辛那提、哥倫布、印第安納波利斯、芝加哥、聖路易斯、堪薩斯城、奧馬哈、丹佛——數完了這些城市之後，連舊金山的影子都根本看不到！同時，我也沒有看到任何印第安人。

夏末的時候，我們第一次來到了舊金山，抵達的時間已經很晚了，因為火車在高山的隧道裡迷失了方向，因此我們抵達奧芬劇院，差點沒有時間化妝為第一次的演出做準備。當我們拉起舞臺的簾幕，臺下的觀眾已經等得有點不耐煩的時候，我發現自己的舞臺帽子不見了，不得不到處找尋，但卻始終沒有找到。最後，我從一個到後臺找里維的憤怒男人那裡搶走了一頂很高的絲質帽子，然後衝到舞臺上。這頂帽子戴在我頭上太鬆了，每當我說出一句臺詞的時候，帽子就會從我頭上掉下來，臺下的觀眾都會大笑起來。可以說，那頂帽子是那個表演季最好的道具了。

要是我將帽子戴在頭上，帽子就會滑到我的脖子上，臺下的觀眾哄堂大笑。接著，帽子會滑到我的鼻子上，觀眾們笑得幾乎都喘不過氣來。我將帽子拿起來，放在拐杖的一端，傻傻地看著這頂帽子，然後將拐杖放在我頭上，臺下的觀眾又爆發出一陣熱烈的笑聲。我不知道這頂帽子的主人當

時會有什麼感想，因為他曾在後臺的一側站了一會。在第三幕戲的簾幕降落的時候，我手裡拿著有點破爛的帽子回到後臺，發現那個憤怒的傢伙沒有戴著帽子就這樣走了。我想，他肯定還在生我的氣。

表演結束之後，我走在彌漫著寒冷的灰色大霧的大街上，路燈的光線變得模糊，讓我在溼漉漉的人行道上走路發出的腳步聲變得很小。我深吸一口空氣進入肺部，感覺很開心。「這是一個好地方！」我對里維說，我也對這句美國俚語感到非常自豪。「這裡真的很不錯啊，就像家鄉一樣。你還對美國這個國家有什麼了解嗎？」我覺得，除了倫敦之外，我還喜歡舊金山。很遺憾，我只能在這裡停留兩個星期。

我們回到了紐約，繼續在上流的馬戲團巡迴表演。當表演季要結束，我們離返回倫敦的時間越來越近的時候，我甚至有點不情願了。在我們結束了在凱斯劇院裡表演的那天晚上，我在劇院收到了一封給我的信件。

「我們想讓你去演電影。過來找我吧，我們好好商量一下。麥克・塞納特。」

「這位麥克・塞納特是誰？」我問里維。里維告訴我，塞納特是基石電影公司那邊的人。「哦，原來是電影公司那邊的人！」因為我在倫敦的時候就已經認識了這些人。我認為他們的地位甚至比在廉價音樂廳更低，我隨手將信件撕掉扔了。

「我想我們下週就要回倫敦了吧？」我問里維。他說他不知道，表示那個馬戲團想讓我們留在這裡繼續表演，而他正等待著卡爾諾那邊傳來的電報。

第二天早上，我前去里維的公寓，想要知道他那邊的消息，因為我很想繼續在美國待一年。但要是卡爾諾決定回到倫敦的話，那我就沒有辦法了。此時的我根本沒有考慮過塞納特寫給我的那封信，因為我一直都沒有認真考慮過要去電影公司表演。我很高興聽到我們會繼續留在美國。因此，我在離開紐約的時候內心很高興，心想著還能繼續在美國表演一年的《倫敦音樂廳》的這個晚間節目。

一年之後，我再次回到紐約，我再次收到了塞納特的信。與第一次一樣，我這一次也沒有多在意。下個月，我們就要乘船回倫敦了。一天，當我路過百老匯的時候，碰巧遇到了一位熟人，我們一起經過了基石電影公司的辦公室，這位朋友問我是否願意跟他一起進去看看。他與在裡面工作的一個人有生意往來，於是，我就跟他進去了，在辦公室外面等待著。此時，塞納特進來了，他一眼就認出我來了。

「早上好，卓別林先生，很高興見到你！進來吧！」他非常熱情地說。我不好意思告訴他之前沒有回信給他，是因為我根本就沒有想過要回信。我跟著他進入了他的私人辦公室，我語無倫次地說著一些話，尋找著能夠離開這裡的

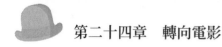
機會，但又不想顯得太粗魯。最後，我終於找到了這樣的機會。

「讓我們直入主題吧！」塞納特說，「你要多少薪水才願意來基石電影公司呢？」這是我結束這場對話的機會，我立即抓住了這個機會。

「週薪 200 美元。」我說出了自己腦海裡所能想到的最高薪水。

「好的。」他立即回答說，「你準備什麼時候開始工作呢？」

第二十五章

我的電影事業

> 我意識到不可思議的事情已經發生了；我決定破釜
> 沉舟，闖入電影這一當時神祕的領域。

「但是，我說週薪 200 美元啊！」我低聲重複了一遍，無法相信塞納特竟然會如此爽快地答應了。週薪 200 美元相當於週薪 40 英鎊啊，他說的肯定不是真的！這絕對不可能的！

「是的，就這樣定了。週薪 200 美元。」塞納特爽快地說，「你什麼時候能夠工作？」

「什麼？你要知道，我必須在這個薪水的基礎上簽兩年的合約。」我小心翼翼地說，因為我依然認為塞納特不會真的提供這樣的合約給我。

「好的，沒問題。我們很快就能制定好這樣的合約。兩年，200……」他在筆記本上記錄了一下。他認真的態度讓我覺得，這樣不可思議的事情竟然發生在我身上。「合約會在下午準備好，四點鐘過來簽署吧，那個時候你有空嗎？我們希望你能夠盡快前往加州。」

「沒問題，這是當然的。」我回答說，但我依然對這樣的事實感到困惑，因為我不知道加州與電影公司之間的關聯。更重要的是，我感覺自己需要新鮮的空氣考慮一下自己的未來，思考接下來該怎麼做。

我有點恍惚地在通往百老匯的大道上走著。成為電影公

司的一名演員 —— 我對這樣的想法有點逃避。電影那些亂糟糟的畫面到底是怎麼拍出來的呢？還有，週薪 200 美元 —— 要是我無法勝任這項工作，那該怎麼辦呢？我努力地思考著會出現什麼情況。在一臺機器面前表演 —— 我怎麼知道自己的表演是不是很搞笑呢？因為機器是不會發出笑聲的。接著，我在一個交通擁堵的十字路口處停下了腳步，大聲說：「我的天呀，你該說要 400 美元的週薪！」但這樣的想法很快就消失了，因為我思考著工作方面的問題，想著自己能否勝任這份工作。

在下午四點的時候，我回到了基石電影公司的辦公室，心情介乎興奮與慌張之間。我拿起筆，在合約上簽名。我一開始只是用筆輕輕地寫著，在名字的最後一個單字上突然用力一揮。我完成了簽名，成為一名電影演員。天知道，接下來會發生什麼事呢？

「你今晚能夠搭乘火車前往加州嗎？」塞納特邊問邊在合約上簽名。

「我任何時候都可以出發。」我用有點不確定的口氣說，「但我不需要先彩排一下嗎？」

塞納特哈哈笑了起來。「在拍攝電影的時候，你不需要事先彩排的，當攝影機開拍的時候，你才需要表演。」他回答說，「在攝影棚裡他們會告訴你怎麼做，你很快就能上手的，

你肯定能拍出好電影的，不要擔心。」

　　雖然我還是有些擔心，但心裡還是感到越來越快樂。我匆忙地回到住所，收拾我的行李箱，對里維說我不準備隨同卡爾諾的劇組回到倫敦了。里維一開始希望我能改變心意，等一下卡爾諾那邊傳來的電報，準備提供給我下一季的表演機會。但我洋洋得意地拿出合約給他看。他看了一眼之後，驚呆了。

　　「週薪 200 美元！我的天啊！」他忍不住驚嘆地說。一想到卡爾諾聽到這個消息後臉上的表情，我就忍不住笑。

　　「一開始，這個薪水還不錯吧。」我謙虛地說，努力表現出這只不過是一件小事，但說話的聲音卻無法抑制激動。我匆忙地處理好自己的一些事情，接著趕火車。我停下來認真看了一眼合約，有點擔心合約上的薪水數字可能會發生改變。

　　我的興奮之情一直持續到我來到芝加哥車站。火車連續發出一陣陣轟鳴聲，在一片暮色之中前往加州，前往那個對即將成為演員的我來說的未知世界。此時，內心的憂慮就像一片愁雲那樣籠罩著我。我想像著自己在攝影機冷漠的「眼睛」下表現得搞笑，卻無法說出臺詞，而且我也無法聽到任何掌聲，最後我的表演非常失敗。要是我在拉扯衣服的時候說不出像小軍鼓那樣「啊啊啊啊」響聲的話，又怎能達到那

樣的表演效果呢？當我頭朝下地跌倒了，要是沒有臺下觀眾發出的陣陣笑聲，我又怎麼知道接下來該怎麼繼續表演呢？

當我離倫敦越來越遠的時候，內心的擔心就增加了一分。雖然我很努力地用過去取得的成功來鼓勵自己，但似乎沒有什麼用。電影表演是非常不同的，要是我在加州失敗了，那麼我離家真的很遠很遠了。

我在深夜時分抵達了洛杉磯，高興地得知自己可以在第二天早上再去基石電影公司的攝影棚報到。第二天早上，我想要睡過頭卻做不到。在天還沒有亮的時候，我就醒來了。我盡可能慢地穿衣服，長時間地在大街上走來走去，最後點了一份極為豐盛的早餐，選擇了我能找到的最貴的咖啡，因為你點的餐越貴，需要等待的時間就越久。我努力尋找每一個可以讓我遲到的藉口。當食物端上來的時候，我卻吃不下。我突然對自己說，我就像一個孩子那樣任性。我必須要盡快趕到攝影棚，結束這樣無謂的擔心。我迅速從咖啡店裡走出來，叫了一輛計程車，多給了司機一些錢，要求他打破路上限制的車速，盡快將我送到那裡。

當我來到攝影棚的時候，看到了一棟龐大的全新建築，建築都是用沒有塗油漆的木頭搭成的。我深吸了一口氣，用力抓住我的拐杖，快步走到大門，接著匆忙進到大門裡面。我經過了一個類似於街角的地方，接著轉彎回頭走。最後，

我感覺自己正在用力拉扯著衣領。我加快腳步，用力推開大門。

我受到了熱情的歡迎，這多少讓我恢復了一點自信。我即將要出演的這部電影的導演之前已經收到電報了，知道我今天會過來。工作人員說，導演正在舞臺上等著我。一位雜務工愉快地吹著口哨，表示願意將我帶到導演那裡。他引著我穿過忙碌的辦公室，打開了舞臺的大門。

一束發熱的光照在我身上，舞臺是用黃色木板鋪成的，上面至少覆蓋著兩個街角，這個舞臺置身陽光下，再加上十幾張白色帆布反光裝置放在舞臺上方，讓白色的效果更加明顯了。舞臺旁邊有很多「場景」—— 客廳、監獄內部、洗衣房、陽臺、樓梯、洞穴、逃生梯、廚房、地窖，數百名演員正穿著戲服在散步，木匠正在專注地研究如何製造全新的場景。五個劇組會在五臺發出光亮的攝影機面前拍攝。整個舞臺發出一陣陣讓人感到困惑的噪音 —— 尖叫聲、笑聲、爆炸聲、大聲命令的聲音、重擊聲、口哨聲、狗吠聲，空氣裡彌漫著陽光曝晒的全新木材發出的氣味，還有閃光粉以及香菸雜糅的味道。

導演穿著一件無袖的衣服站在一個發出光亮的攝影機面前，手裡拿著一沓劇本，嘴裡叼著一根沒有點燃的雪茄。他正在對劇組的演員大聲吆喝著一些很短的話 ——「吉姆！左

邊點，左邊點！那裡，拿住！瑪姬，笑一下！很好。很好！要小心那盞燈！」

這個場景拍攝完之後，他熱情地歡迎了我，但顯得很急切。

「很高興見到你。你還要多久才能正式工作呢？今天下午可以嗎？好的！如果可以的話，就下午兩點吧。你可以在這個攝影棚到處看看。很抱歉，我現在沒有時間。我這一週還有六百多英尺的膠片要拍攝，那邊的人都還在等著這些電影。再見了，兩點鐘見！」接著，他轉過身大聲說：「所有人準備下一個場景。地下室內部的場景。」他再次投入到認真的工作當中。

第二十五章　我的電影事業

第二十六章

喜劇電影後的悲劇

我在一齣喜劇電影裡看到了悲劇；我遇到了我的「搭
檔演員」，分別是紅色老鼠與藍色老鼠；我準備帶
著一塊餡餅掉到陷阱門裡面。

導演如此冷落我，讓我感覺之前累積下來的自信在慢慢
消失。在我看來，這個地方是如此的陌生，我身邊的數百人
都在專注於他們的工作。在我經過的時候，根本不會有人看
著我。在這裡，我有一種非常無助的感覺。雖然如此，攝影
棚裡還是有很多有趣的東西可以看，於是我就想繼續留在
這裡，在下午輪到我的表演開始之前盡量多了解一些與電影
製作相關的知識。因此，我繼續保持著高傲的態度，不過我
的衣領變髒了，鼻子在炙熱的陽光曝晒下變得紅紅的，這讓
我有點高傲不起來。我只是到不斷發出光亮的攝影機後面
閒逛。

就在不遠處，我看到了前面有一棟三層樓高、用磚砌成
的房屋，房屋的窗戶與消防通道都安裝好了。從前面看，這
座房子是很正常的，但房子的後面卻只是用木質鷹架來支撐
而已。在靠近這棟房子的較高平臺上擺放著一臺很大的攝影
機，一個雙眼發黑的人正忙著調節攝影機。十幾個人正在拉
伸一張網，這是特技演員要用到的。很多演員都在朝著那個
方向跑去。我也跟著走過去，想看看接下來會發生什麼。

「為什麼會這麼喧鬧呢？」我問一個穿著護士服裝的女

士，這位女士正吃著三明治。我只見到她一人在這裡是無事可做的。

「這是拍攝一部全新喜劇電影裡的場景。」她用愉悅卻漠不關心的口吻回答。

「哦，原來是這樣啊，我也是做喜劇演員的。」我鄭重其事地說，「我叫查理·卓別林。」

這位護士抬頭看著我，我知道她之前肯定從未聽說過我的名字。

「你是一位喜劇演員？」她問道。

「是的。」我肯定地回答，「哦，妳就穿著這樣的衣服來拍戲嗎？」

「哦，不是的。我不是女演員。」她驚訝地說，「我是這裡的專業人士。」我不明白她的這句話是什麼意思。「就是為了防止意外事故。」她肯定覺得我非常愚蠢，於是就這樣解釋說，「有時，一切正常，沒有發生任何事情。但是，誰也說不準。上週，他們在拍攝一部喜劇電影裡的一個爆炸場景時，就有八個人受了重傷。」她一臉愉悅地說。

一股戰慄的感覺悄然爬上了我的脊骨。

在我們面前的這個「場景」，很多人正忙碌著做好準備。一個又長又輕的梯子以一個很大的角度擺放好，梯子的底部

則牢牢地固定著。不過，梯子的上部則是沒有什麼支撐的，在空中不停地搖晃。

很多人都跑著詢問指引以及提出許多問題。在狹小平臺的攝影師後面，梯子出現了搖晃的情況。導演走過來，用力地拍著手掌說：「一切準備就緒了？」

「一切準備就緒了！」某人大聲回答。

「開拍！」

一陣轟轟的爆炸聲之後，磚砌的牆壁被炸開了，冒出了一股股濃煙。一名警察爬上了搖晃的梯子，他的身上綁著隱形的鋼線，另一個人在梯子的半空與他相遇。在梯子頂部的橫檔上，他們緊緊地抱在一起，保持著梯子的平衡。

「快點打鬥！快點打鬥！來點具有生命力的表演。」導演大聲吆喝道，「吉姆，打開水槍！」

我認真地盯著他們的套筒。我看到這兩個人在半空中拚了命地重擊對方，而梯子則在他們身下漸漸彎下來了。接著，兩英寸厚的水管噴射出來的水沖向了他們——這兩位演員依然停留在那裡，努力地掙扎著。

「好的！好的！繼續保持！」導演大聲吆喝道，「放出更多煙霧！」此時，又響起了一陣爆炸聲。透過朦朧的煙霧，我看到了這兩個人依然在梯子上面打鬥，而水管噴射出來的水依然射在他們身上。

「你們快點放手。跳下來！跳下來！我跟你們說，快點跳下來！」導演大聲地吆喝道。這兩個人突然傾斜身子，鋼線就掉了，他們向後直接從二十五英尺高的地方掉了下來。這兩名喜劇演員撞在了下面的網子上，這張網破了。

場景裡的人突然慌張起來了，那名護士立即穿過人群開始救治，擔架也抬進來了。我看到了一位喜劇演員從我身邊被抬走。接著就是那位心煩意亂的導演與一位醫生之間的對話。「不要緊的，只是輕微的驚嚇而已。他明天就會沒事的。」醫生這樣說。但我覺得自己的雙腳都在發軟。

「這就是電影裡喜劇演員的工作嗎？」我心想，感覺自己的呼吸都變得艱難起來。

不知怎的，我並不覺得很餓。我覺得，要是我離開這個攝影棚去外面吃午飯，那麼我可能就不會再回來了。因此，我選了一個最涼爽的地方坐了下來，靜靜地等待著兩點鐘的到來。我在一個昏暗潮溼的「地下室場景」裡，這裡只擺放著一個翻倒的箱子，我就坐在這個箱子上面。過了一會，一陣奇怪的刮痕聲吸引了我的注意。我低頭看見了很多紅色與藍色的老鼠從我的雙腳下面爬出來，我嚇得從箱子上跳了起來，離開了這裡，沒有告訴任何人。

在兩點的時候，我懷著忐忑的心情來到了導演旁邊。導演還是像之前那樣非常忙碌。見我過來了，他立即跟我講解

要扮演的角色，偶爾只是用手帕擦拭一下額頭上冒出來的汗水。攝影棚裡的溫度越來越高。在反射裝置的照映下，影棚就像是一個火爐，但是我的脊骨依然因為內心的恐懼而直冒冷汗。

「這是特技部分的演出嗎？」我強迫自己這樣問。

「不，這次不是的。你扮演一個從鄉村過來的飢餓流浪漢，我們會在地下室裡拍攝，其他場景我們會在固定的影棚裡完成。」導演邊說邊揮舞著手裡拿著的劇本，「我們首先會拍攝最後一個場景的戲 —— 是在地下室的場景裡完成的。我們還是先完成這個拍攝吧，你可以先準備一下，然後我們會在沒有光線的情況下進行拍攝。」

導演引著我來到了地下室的場景，開始跟我講解如何拍攝。

「你掉在一個陷阱門裡面。」導演說，「你慢慢地爬起來，露出錯愕的表情。當然，在這個過程中，你千萬不能望著攝影機。你的外套裡面有一個派，你到時候拿出來，慢慢地吃，你要表現出自己極度飢餓的神情。接著你聽到一個聲音，你放下手中的派，透過光柵向外面看。當你轉過身的時候，卻發現很多隻老鼠正在吃你的派。明白嗎？」

我說我明白了。導演來到攝影機後面，而我則在前面彩排的時候盡可能做得好一點。我必須反覆地練習這些動作，

因為我每次要麼忘記自己的動作，要麼就是走出了攝影機所能拍到的範圍。最後，在方圓五英尺的點的幫助下，我勉強通過了。接著，有人引我到十幾間化妝間的一間，這些化妝間建立在舞臺旁邊的一排很長的地方。基石電影公司提供給我的戲服已經準備好了。看到華麗的化妝間以及化妝盒，我很滿意，我終於來到了一個讓自己有熟悉感的地方了。我對自己化的妝感到非常滿意。

當我回到拍攝場景的時候，攝影師已經在等候了。一小群演員以及木匠都聚集在旁邊觀看拍攝的場景。此時的導演正在研究著那些著色的老鼠，要求立即重新為老鼠的尾巴上色，因為這些該死的老鼠已經將尾巴的顏色都舔掉了，在攝影機拍攝的時候就根本看不到老鼠的尾巴了。攝影棚的一位工作人員站在旁邊，手裡拿著一個很大的派。

「卓別林，準備好了沒？」導演轉身看著我說。

「我的天啊！你是在哪裡化的妝啊？」他驚訝地問。在場的每個人都盯著我看。「這個妝不行，這個妝不行。看看你的臉色吧，這會在攝影機上呈現出灰色的 —— 還有這些線條 —— 你絕對不能在電影裡用這些線條進行拍攝。羅伯特，帶他去化妝間，教教他怎麼化妝。」

我想起了我第一次在《白手起家》劇組裡的經歷，那種似曾相識的恥辱感又湧上了心頭。羅伯特帶著我來到化妝間，

教我如何用棕色的塗料塗臉與脖子，然後再用濃重的黑色塗抹我的睫毛。我之前小心翼翼化的妝根本不適用於電影拍攝，我必須要放棄之前的化妝讓臉部肌肉帶來的角色效應。

這次化妝讓我感到非常奇怪。我第二次來到了拍攝場地，導演這次對我的化妝感到滿意，給我那個派以及最後一次指示。我走上了一個很高的位置。

「記住，千萬不要看著攝影機，記得要站在拍攝範圍以內的位置，你要全身心投入，可以說你想到的任何話。」導演說，「都準備好了嗎？開拍！」

攝影機開始滴答地閃著光亮，我緊緊抓住那個派，深吸了一口氣，接著一腳踩在陷阱門上。

第二十七章

可以演得更好的

雖然很不願意，但我還是吃了三個櫻桃派；我第一次在電影銀幕上看到自己，覺得自己在電影方面真的很失敗。

當我掙扎著從地面上爬起來，努力避免那個派被弄爛的時候，導演用低沉的聲音說：「表現出錯愕的表情，錯愕的表情啊！」我轉頭看著那個發著光亮的攝影機，突然感覺好像一雙很大的眼睛在盯著我看。我凝視著那個又圓又黑的鏡頭，這個鏡頭似乎正變得越來越大，好像離我只有幾碼遠而已。我努力做出錯愕的表情，但是臉部的肌肉一下子就僵硬了，我只是雙眼盯著鏡頭看得入神。最後，攝影機的光亮熄滅了。

「太糟糕了！你幹嘛要看攝影機呢？再來一次！」導演一邊說一邊記錄下被糟蹋的膠捲尺數。他是一位非常有耐心的導演。我兩次從陷阱門跳下來，導演都會暫停攝影機，將派放在一個安全的地方，然後再將派放入我的外套裡。接著，攝影機才繼續發出光亮，而我則再次開始表演。但是，攝影機發出來的聲音吸引了我的注意，讓我情不自禁想要看著鏡頭。我努力控制自己不去直接看鏡頭，但我感覺這樣的表演非常僵硬。這個場景還沒有演到一半，導演就喊停了。

「你走出攝影機的拍攝範圍了。」攝影師沒好氣地說，接著點燃了一根菸。我已經忘記了地板上放著的圓點，踩過了圓點的範圍。

我吃了那個派的很大一部分。此時，導演喊了暫停，叫人拿另外一個派給我吃。他用滿臉憂鬱的眼神看著太陽，利用暫停的時間親自向我示範如何從陷阱門掉下來，如何做出錯愕的表情，如何在某個點上表現出恐懼與慌張。導演的示範給我留下了深刻的印象。接著，我再嘗試了一次。

　　我整個下午都在工作，無數次掉在水泥地板上，渾身青一塊紫一塊的，炎熱的氣溫讓我渾身都溼透了。我吃了差不多三個很大的派，這些都是櫻桃派，我之前從未如此在意吃這種派的。

　　那天晚上，燈熄滅之後，導演皺著眉頭，沉思了一下就將劇本捲起來，然後叫攝影師回去休息。其他劇組的絕大多數演員都已經走了，整個空蕩蕩的場景在昏暗中顯得非常詭異。此時，一位雜務工過來了，他抓住了老鼠的尾巴，然後將這些老鼠裝進了一個盒子裡。

　　「好吧，今天就到此為止吧，我們明天繼續來。」導演看都沒有看我一眼就說，「我想不用過多久，你就會知道其中的技巧。」

　　我在化妝間裡用力擦拭著臉上與脖子上的塗料。我知道自己今天的表現糟糕得一塌糊塗，一想到這裡，我的自尊心就被無情地粉碎了。我苦澀地對自己說，即便我之前取得過成功，但這樣的生活又有什麼樂趣呢？沒有一點讓人興奮的

東西，沒有掌聲，整天只是這樣辛勤地工作，而漫長空虛的夜晚則無事可做。

只有兩個因素讓我不取消合約，立即選擇放棄 —— 我的週薪是 200 美元，我也絕對不會否認一點 —— 我之前曾與威廉·吉列特一起有過成功的表演，還成為卡爾諾先生旗下的明星 —— 但卻在電影行業裡徹底失敗了。那天晚上，我的心情非常沉重。吃完晚餐之後，侍者表現出冷漠的禮貌。我說：「先生，這裡的櫻桃派非常好吃。」侍者被我用拍戲時使用的說話口吻嚇到了。

第二天早上，我八點就來到攝影棚開始工作了。我拖著疲倦的身子來到攝影棚，心情莫名的糟糕，因為起來得太早了，我們還是在昨天的場景下繼續開始拍攝。當我從陷阱門掉下來的時候，因為不小心踩到了一隻老鼠，又毀掉了許多膠捲。最後，我們還是成功拍攝好了這個場景，讓我大大鬆了一口氣。但是，這一週接下來的工作以及下一週的工作，都讓我的煩惱越來越多。

在我們轉移到其他場景拍攝之前，必須要在同一個場景拍完所有的內容，因此我們只能按照打亂的劇本順序進行拍攝，每一段落的表演都缺乏連貫性以及必要的關聯性。地下室的場景是在舞臺上拍攝的，而絕大多數的室外場景則是在固定的攝影棚裡完成的。兩天後，當有人引著我穿過一扇

門，來到另一邊的時候，我看到的場景似乎是在十五里之外的地方，這實在是讓人感到疑惑。更讓我感到困惑的是，這些場景的拍攝都是按照相反的順序來的。我因為在某個場景的拍攝中不見了一頂帽子而浪費了三百英尺的膠捲。當我最後戴上了帽子，才終於拍攝成功。

在第二週結束的時候，電影的所有拍攝工作都結束了。導演與我在見面的時候都裝得很有禮貌。我對這裡的每個人以及一切事物都感到憤怒。每天那麼早起來做一些自己不習慣的工作，讓我感覺到神經漸漸衰弱了。導演則是滿心憂慮，因為正是我讓他晚了一個星期完成這部電影。在膠捲沖洗出來的那天，麥克·塞納特從紐約回來了。我一臉高傲地看著他，強裝的高傲神色真是對我內心真實情感的一種諷刺。

「很好嘛，他們跟我說電影完成了。」他握著我的手滿意地說，「現在，你可以像別人之前看你那樣，第一次看看自己的表演了。暗房準備好了沒？讓我們進去看看你在銀幕上的表現吧！」

導演在前面帶路，我們三個人進入了一個完全黑暗的小房間。在等待播放的時候，我能聽到自己的心在怦怦地跳，緊張地說話，想要掩蓋住這樣的聲音。「滴答」一聲，快門打開了，畫面開始出現在一張銀幕上。這是沒有聲音的電影，當時所有電影都是這樣的，有的只是黑色與白色之間的轉

換。盯著銀幕看了幾秒鐘之後，我才意識到那個黑臉、穿著白色衣服、在我眼前笨拙地走來走去的人，正是我自己。我雙眼恐懼地盯著銀幕。

有趣？即便是眼瞎的人看了也笑不出來。我的表演完全將這個場景本該擁有的幽默元素全部毀掉了。我的表演是那麼僵硬、刻板與愚蠢。我們沉默無言地坐在那裡，看著銀幕上播放的畫面，氣氛變得越來越詭異，每個人都似乎在壓抑著什麼。每一個畫面都讓人感到非常荒謬。我感覺整件事就是一場充滿恥辱與尷尬的可怕夢魘。這個世界上唯一讓人能夠容忍的東西就是此時此刻的黑暗了。我感覺自己永遠都不會走到光明的地方了，深知自己就是銀幕上播放的那個表演浮誇、無比荒謬的人。電影還沒播到一半，塞納特就開始憐憫我了 —— 他關掉了快門。

「卓別林，你似乎還沒有完全掌握拍電影的技巧啊。」塞納特說，「你覺得問題到底出在哪裡呢？」

「我不知道。」我說。

「你放心，我們肯定不會播放這部電影的。」導演沒好氣地說，「兩千英尺的膠捲就這樣浪費掉了。」

「去你的電影！」我憤怒地脫口而出，一下子從彈簧椅子上站了起來，用力打開大門，大搖大擺地走了出去。「我以後都不拍電影了。」我心想。

在我來到化妝間前，塞納特與導演攔住了我，我們再次就拍電影這件事討論了一番。我感覺自己永遠都成為不了一名電影演員，但塞納特卻對我充滿了希望。「你是一位傑出的喜劇演員。」他說，「你肯定會拍出很好的電影，你要做的就是盡量熟悉在攝影機面前如何表演，我們會在其他方面努力幫助你的。我會親自指導你，你肯定會很快掌握其中的技巧的。」

導演拿出了接下來要拍的一沓電影劇本，這些都是場景部門之前拿過去給他的。塞納特從中選了一個劇本，要求立即按照劇本的要求設置場景。第二天，我們就開始一起拍攝的工作了。塞納特非常有耐心，為人幽默，很替別人著想，會就每個姿勢與表情指導我。我暗暗下定決心，這次一定要成功。

我們接著拍攝了一個星期，充分利用白天的每一分每一秒，終於完成了電影的部分拍攝。這部電影雖然沒有完全拍完，但足以讓我們知道電影拍得怎樣。最後，膠片再次送到了暗房來播放。

我看著銀幕上播放畫面時的感覺，就像一個人坐在牙醫座位上的那種恐懼與無助的感覺。我之前最擔心的事情還是變成了現實。這部電影要比之前第一部更加糟糕 —— 一點都不好笑，反而會讓人覺得愚蠢至極。

第二十七章　可以演得更好的

第二十八章

鬍子效應

我在電影製作方法上引入了創新的方法；我開始貼上一個有趣的鬍子；我將自己的 80 美元去賭三個小時的電影。

「我們該怎麼辦呢？」當第二部影片在銀幕上播放完畢之後，塞納特問。我們都知道，這要比第一部電影拍得更加糟糕。「這部電影真是太糟糕了，你覺得呢？」

「的確是太糟糕了。」我心情低落地說，畢竟我之前還以為這一次有成功的可能。我們之前為了這部電影工作得十分辛苦，現在卻是這樣的結果，這讓我們感到無比疲倦與沮喪。我獨自回到化妝間，關上門，坐在那裡認真地思考其中的原因。

我心想，問題就在於電影的拍攝缺乏自然的連貫性。我的表演是那麼僵硬，在每次表演的時候都會思考下一個動作，這讓整個表演缺乏了幽默搞笑的元素。當我朝一棵樹走過去的時候，事先已經知道了自己必須要撞在這棵樹上，於是，我事先就準備好了讓身體的每個動作都變得搞笑起來，但身體卻始終是那麼僵硬與拘謹。再加上攝影機時刻在發出光亮，我每次都要努力控制自己不去看攝影機 —— 最重要的是，我時時刻刻都要擔心因自己的表演不好而浪費膠捲。

「你就是一個徹頭徹尾的失敗者！」我對著鏡子裡的自己說，「你是一個失敗者，沒有任何價值。你絕對無法成為一名

電影演員。你被一個攝影機以及賽璐璐的膠片給擊敗了。毋庸置疑，你是一個徹底的失敗者。」

我對自己感到非常憤怒，甚至一拳打在鏡子上，鏡子變成了碎片。我在化妝間裡來回踱步，討厭自己，討厭攝影機，討厭膠片，討厭這個讓人覺得厭惡的行業。我想過要高傲地走出去，告訴塞納特我不幹了，我要回到自己還受歡迎的倫敦。我知道塞納特肯定會很爽快地答應我的。他肯定會對自己說，我的確不是一塊適合演戲的料，而我一直都是這樣認為的。這樣的想法讓我的自尊心非常受傷。無論我之前取得過多大的成功，我始終都會對自己說：「你做得好，但你在電影行業裡失敗了。」

我憤怒地做出了一個手勢，接著拿起我的帽子，走出去尋找塞納特。此時的他正在舞臺上看著其他劇組的拍攝工作。我走上前，用冷漠的語氣說：「塞納特先生，我可以在這個行業裡取得成功，我知道我肯定能夠做到的。你給我一個機會去拍攝自己想要拍攝的內容，我肯定會讓你滿意的。」

「我不知道我還能做些什麼。你已經擁有了我們這裡最好的拍攝場景了。我們也從來沒有催促你。」塞納特的話很通情達理。「其他劇組一個星期要出兩個膠捲，而我們已經在你身上花了三個星期去拍攝，卻只出了一個半膠捲。」

「你說得沒錯，但是這裡的拍攝場景都不適合我。」我急

切地說，「不斷重複的排練，根本沒有任何隨機發揮的餘地。
等到攝影機開機的時候，我就需要立即表演。我在表演中沒
有用到拐杖，我必須要有一根拐杖才能做出滑稽的表演。」

這聽上去肯定是非常幼稚的話，塞納特用驚訝的表情看
著我。

「如果你想的話，可以拿一根拐杖去表演，但是我不知道
在沒有排練與攝影機的情況下，你怎樣去拍攝電影。」他說。

「我想要按照自己的想法去設置場景。我只是想在舞臺上
展現自己的搞笑能力。」我說，「我想讓攝影機一直對著舞臺
開機，這樣的話，我就會忘記攝影機的存在。」

「哦，卓別林，你不能那樣做，你知道膠捲的成本費用
嗎？一英尺膠捲的成本是 4 美分，1,000 英尺的膠捲是多少
錢呢？你在一個表演季裡已經浪費了超過一千多美元的膠捲
了。這個你也知道。我的天呀，你不能那樣拍攝電影。」

「你只要給我這樣一個機會，我會向你證明我能夠拍出
好電影。」我說，「讓我嘗試一兩天吧，就是在一個場景裡試
一下就行。如果膠捲最後證明是被浪費的話，我願意為此付
錢。」

我們爭論了很久，在塞納特先生看來，我提出的要求是
瘋狂的。畢竟，我在舞臺的喜劇表演中取得了真正的成功，
卻在電影方面徹底失敗了。最後，塞納特允許我按照自己的

方式去拍攝電影，前提是我要支付攝影師以及被浪費的膠捲的成本費用。

　　那天晚上，我在大街上來回走了幾個小時，思索著這個場景的劇情以及我應該化的妝。我必須要有一根拐杖，穿著寬鬆下垂的褲子，這些裝扮在舞臺上總是顯得非常有趣，我也不知道其中的原因。我就自己該穿什麼鞋子思考了很久。我的腳很小，我認為要是我穿上緊一點的鞋子，再搭配寬鬆下垂的褲子，這應該是很有趣的。但最後，我決定還是穿又寬又鬆的鞋子，因為這樣的鞋子會讓我在不經意間摔倒。

　　在想好了這些細節之後，我想要回飯店，我突然間覺得肚子很餓，想起了原來自己還沒有吃晚餐。我走進一家咖啡店要了一杯咖啡。我看到了一個留著鬍鬚的人 —— 這是一個表情嚴肅的先生留的一點鬍子 —— 他正在喝湯。只見他每次將湯勺放入湯碗裡時，他的鬍子都會顫抖一下。當他舉起湯勺，鬍鬚就會向上移動。他將湯勺放入嘴裡的時候，鬍子就會上揚，緊貼著鼻子，然後停在那裡。

　　這是我見過最有趣的情景了。我差點被咖啡嗆到了，喘著氣，最後笑出聲來。我也必須要有一個那樣的鬍子。

　　第二天，我穿好自己已經準備好的戲服，對著化妝間的鏡子用膠水將一個鬍子貼在我的嘴唇上方，然後對著鏡子大聲喊叫。鏡子裡面的表情很有趣，實在是讓人捧腹大笑。當

我大聲笑的時候，鬍子會上下來回移動，我看見這樣的情景接著又大笑起來。我走上舞臺的時候依然在大笑。接著每個見到我的人都哈哈大笑起來。我不小心被自己拿的拐杖絆倒了，雙腳朝天摔倒在地上，攝影師見狀哈哈大笑。很多人都圍過來看我的表演。我第一次用很高的熱情投入第一個場景的拍攝。

我一次又一次地表演這個場景，每次都加入更加滑稽的表演效果，我非常享受這個表演的過程。每當我停下來，走出了攝影機的拍攝範圍，我都會哈哈大笑。其他演員在攝影機後面看著都哈哈大笑，就像我曾經在卡爾諾旗下表演時一樣。「這，」我洋洋得意地對自己說，「這肯定會成功的。」

當攝影機最終停止發亮，我之前所有的自信與驕傲又回來了。「不是很糟糕吧。」我洋洋得意地轉動著拐杖，接著滿心高興地假裝摔倒在攝影機面前，這讓攝影師大為驚恐。我很謙虛地回應了其他演員的讚美。事實上，我的確覺得他們在表演方面無法與我相比。我吹著口哨回到了化妝間。

「卓別林先生，你想什麼時候去看這部電影呢？」我在化妝間換自己的服裝時，攝影師敲著大門說。

「你沖洗完了就去看。」我愉悅地回答，「順便說一下，我們用了多少英尺的膠捲啊？」

「剛好用了超過兩千英尺的膠捲。」他回答說。我聽到了

他走遠的腳步聲。

　　剛好用了超過兩千英尺的膠捲！每英尺的膠捲價格為 4 美分，這就是 80 美元啊！我感覺一陣寒冷的微風彷彿吹入我的後背。這差不多是我在卡爾諾旗下表演一個月的薪水啊，全部都賭在這三個小時的膠捲裡面了！我想，其實我也不是完全確信膠捲出來的效果。那臺該死的攝影機可能無法將我表演中滑稽搞笑的成分記錄下來。我匆忙卸完妝，出去找塞納特，與他一起到暗房裡看看影片的效果。

　　我坐在暗房裡一張椅子的一角，等待著膠捲在銀幕上播放的畫面，滿腦子都是 80 美元的膠捲費用。這 80 美元彷彿變成了一筆巨大的財富在我眼前晃來晃去，最後灰飛煙滅了。如果出來的電影效果很好 —— 但如果出來的電影還是一塌糊塗呢！那麼我就會被困在加州，這裡距離我的家鄉可是有數千公里遠啊！我到時候該怎麼賺到這 80 美元呢？

　　快門打開了，銀幕上出現了畫面。我看到自己一頭黑臉，嘴唇上貼著白色的鬍子，穿著一雙大大的白色鞋子，一臉嚴肅地走在一個光斑上。我看到銀幕上自己的鬍子有趣地跳動著，看到了自己停下了腳步，看上去很自以為是，接著得意揚揚地揮舞著拐杖，卻不小心打在自己的鼻子上。在安靜的暗房裡，我聽到了塞納特哈哈大笑起來。這段影片的效果不是很好，而是非常好。

第二十八章　鬍子效應

　　「好樣的，卓別林，你做到了！我的天呀！你必須要進入喜劇界，你的表演實在是太出色了！」當我們一起走出暗房的時候，塞納特高興地拍了拍我的手背說，「你是浪費了一些膠捲，但卻掌握了拍攝的技巧，這一切都是值得的。你接著完成這部電影的拍攝，我下週就讓電影公司播放這部影片。」

第二十九章

終於成功

我在電影行業裡品嘗到了成功的滋味，樹立了一個
全新的人生目標；我開始制訂一個雄心勃勃的計畫。

「我們會用到第三個場景！」塞納特對攝影師說，「這需
要多少膠捲呢？」

「大約兩千英尺膠捲。」攝影師回答說。

「好吧，繼續這個場景的拍攝，將其他的膠捲都扔掉。你
覺得自己能在這個星期完成兩個膠捲的拍攝嗎？」塞納特轉
身問我。

「看我的！」我驕傲地說。我的心感到無比激動。他們
一週要支付我 200 美元，並且願意耗費數千英尺的膠捲去拍
攝我的喜劇。「這個行業充滿財富！一筆巨大的財富！」我
心想。

在那個時刻，我的目標一下子衝到了一個讓人炫目的高
度。我看到了自己在這個行業做五年或是十年之後退休的場
景。到時候，我可能會擁有一萬英鎊甚至是兩萬英鎊的財
富了。

這部喜劇在那一週就完成了。我每天都在工作，充分利
用陽光充足的每個時刻，甚至連中午吃飯的時候都沒有停下
來休息。我享受這樣的工作，甚至連攝影機發出流暢的滴答
聲對我來說都是一種刺激。無數個想法從我的腦海裡冒出

來，我想出了十幾個以後要拍攝的喜劇劇本。我想起了之前所見到或是聽到的有趣事情，然後寫出大致的表演場景。我甚至會在半夜醒來，為腦海裡冒出來的全新想法而哈哈大笑。

我的第一部喜劇電影上映之後，取得了巨大的成功。電影製作公司要求立即拍攝更多這樣的電影。此時的我正在拍攝《困在雨中》，在接下來的一週裡我又拍攝了《發笑的氣體》，這些電影都極受歡迎。

每天早上，我來到舞臺的化妝間，其他與我搭檔的演員都已經在那裡等候著，想要知道他們今天要扮演什麼角色。其實，我也並不總是知道他們該扮演什麼角色，不過當我在舞臺上跳一下吉格舞與木屐舞熱身，攝影機開始拍攝之後，很多全新的想法都會迅速進入我的腦海。

我告訴其他演員如何扮演他們的角色，我甚至會向他們親自示範該怎麼去表演，而我則充滿熱情地扮演自己的角色，有時會逗一下攝影師，大聲發笑，吹著口哨或是翻跟頭。攝影機將這一切都拍攝進去了。之後，在沖洗膠片的時候，我們會選擇一部分，將其他的膠捲都扔掉，選取最好的片段，然後重新編排成一個完整的膠捲，成為最終在銀幕上播放的電影。我喜歡這個過程，我在攝影棚的工作一刻都沒有停止過，也從來不會感到疲倦。

我唯一安靜的時刻就是我在化妝的時候。有時，我會想起早年在英國科芬園集市上的經歷，想起母親以及與威廉·吉列特一起表演的時光。「人生真的太有趣了。」我對自己說。我化了一個麵包師的妝容，要求手下的工作人員預訂一車麵粉，每當我在攝影機拍攝範圍之外的時候，都會用麵粉玩耍，發出笑聲。最後，我們拍出了《麵團與炸藥》這部電影。當時，我認為這是一部成功的電影。

　　當我的電影開始在電影院裡播放的時候，我便滿心愉悅地混在觀眾當中，想要進去看看，無聊地揮舞著拐杖，想要知道他們對我的喜劇電影的評價。我也喜歡到電影院裡面去看看，喜歡聽到觀眾看到我出現在銀幕時他們發出的笑聲。此時的我才第一次想到了自己在電影行業裡應該具有的遠大目標。我現在依然有這樣的目標，我想讓人們發笑。

　　觀眾會以兩種方式發笑，一種是在舞臺上，演員們要在腳燈營造的緊張氣氛中努力做出滑稽的表演，我之前從未意識到這點。但在一天晚上，當我與一群觀眾在一個又小又暗的小電影院裡觀看銀幕上的畫面，觀察身邊的觀眾做出的反應時，我突然意識到了這是另一種方式。

　　我會跟著一大群觀眾擠入電影院看我最新的電影。電影院裡面的場景真的可以說是亂作一團。觀眾們都笑得在椅子上左搖右擺，連續五分鐘發出歇斯底里的笑聲。「哦，不會

吧！」我對自己說，「你很受這些人的歡迎。你很受這些人的歡迎！」突然間，笑聲停止了。

我一臉憂鬱地看著周圍的人。我看到數百張臉在昏暗的燈光映襯下顯得蒼白，完全專注於銀幕 —— 沒有一個人發笑。我忐忑地看著銀幕，只見銀幕上化了妝的卓別林站在那裡不動，在一場笑劇裡竟然站著不動。我在想為什麼自己之前竟然沒有剪掉這樣的畫面呢。電影院裡一片安靜，我能聽到放映機在轉動膠片時發出的聲音。

接著，我看到銀幕上的自己緩慢地轉動，看到了自己的表情變得嚴肅與果斷，看到了自己用力握著拐杖，大搖大擺地走開了。我正在追趕那位偷了我啤酒喝的強壯勞工。

一個人發出了笑聲，這是一個發自內心的笑聲「哈哈哈」，這樣的笑聲就像一陣波浪傳遍了整個電影院，整個電影院都彌漫著笑聲。

「就是這樣！這就是我想要看到的！這就是我想要看到的！」我說。我迅速走出電影院，認真地對此進行思考。我不得不從十幾個人的膝蓋旁邊走過，但是沒有一個人注意到我的存在，他們依然在那裡哈哈大笑。

我將拐杖夾在手臂裡，雙手插在口袋裡，走路回到飯店。這就是我要尋找的 —— 哈哈大笑！任何一種笑聲都是不錯的，能讓觀眾發出任何一種笑聲都能讓你得到很好的薪

水。但是，發自內心的哈哈大笑則是能夠溫暖人的心靈的，這是讓你與別人成為朋友的東西，這才是真正應該展現出來的東西。當你掌握了這個技巧，才能真正抓住觀眾的心。從那以後，我就朝著這個方向去拍攝。

在那之後，我經常去電影院觀察觀眾的反應，尋找哪些場景會讓觀眾發出那樣的笑聲，然後思考怎樣才能得到那樣的笑聲。我在這期間從未被觀眾認出來，不過倒是有一些人問我對查理・卓別林的看法。我不記得自己當時說過什麼了。事實上，在那個時候，我並不是很在意查理・卓別林怎麼樣，我只是在思考著他的工作、成功以及越來越龐大的銀行帳戶數目。

我在這個行業第一次的大潮中進入了這個行業，擁有財富似乎在一夜之間就能實現。很多電影製作公司都無法在很短的時間內推出新電影，滿足觀眾的觀影需求。在這場遊戲最狂熱的時候，很多電影公司的行為就像賭博。對他們來說，金錢不算什麼，他們成百上千地投資。「快點讓我們拍出電影，快點讓我們拍出電影！不要去管成本！」他們整天都這樣說。我聽說一些裁縫師、開電動車的司機帶著幾百美元進入這個行業之後，現在都變成了百萬富翁。在短短的半年時間裡，我就開始嘲笑自己只賺 5 萬美元的想法了。

雪梨此時已經在歌舞劇團裡表演了，他就是在這個時候

來到洛杉磯的。我坐上公司的一輛豪華汽車到火車站去接他。雪梨還是那麼忠實可靠，有著敏感的商業嗅覺。他已經意識到了這個行業的發展趨勢，正在與埃塞尼電影公司商議一份待遇豐厚的合約，而我在這個過程中故意對合約的條件不滿意。

「查理，要是我們掌握得好，這個行業可以賺到很多錢！」雪梨說。

「很多錢？如果這是真的，如果我能繼續保持這樣的受歡迎度，我會在退休前賺到 50 萬美元！好好地跟著你的弟弟查理我吧！」我愉快地說。

第二十九章　終於成功

第三十章
前景無限好

> 我能站在別人的角度去看待自己；我從觀眾對電影
> 的反應了解到了許多讓自己驚訝的事情；我看到了
> 一個光明的未來。

雪梨哈哈大笑。

「好吧，都聽你的。」他說，「賺到 50 萬美元之後，你想
要做什麼呢？」

「做什麼？我不會再做這一行了。我會感到心滿意足。」
我說，「你不可能永遠都做這一行，我也不想一輩子都做這一
行。只要我還繼續做的話，都會努力做到最好。最後，這一
切都會落下帷幕的。但我想我們最後不需要像以前那樣，住
在演員之家那樣的破地方。」

雪梨再次大笑起來。「查理，拍電影能賺到大錢啊。」他
說，「50 萬美元？你只需要等一年就可以了，你現在還沒有
真正地受歡迎呢！」

雪梨說得對，這個世界上有那麼多煩惱與不快樂的人。
在我還是個孩子的時候，就知道這個世界上還有那麼多母親
過著那麼單調沉悶的生活，而男人則在外面辛勤地做著自己
不喜歡的工作，而他們家裡的孩子就像我以前在倫敦的貧民
窟裡那樣挨餓。對這些人來說，笑聲是非常寶貴的。人們想
要笑聲，他們想要在短短的半個小時裡忘掉生活中的各種煩
惱，好好地笑上一會。每個晚上，在十萬張銀幕上，我都穿

著寬鬆的褲子，手持著有趣的拐杖，嘴唇上那個不時搖動的鬍鬚，都會讓觀眾哈哈大笑。他們都記得這些搞笑的東西，然後再次發笑。突然間，查理·卓別林似乎成為人們追逐的明星。

一天，忙完了工作之後，我在從攝影棚回家的路上突然想起了這個問題。這一天很炎熱，我已經在南加州炎熱的太陽底下塗抹著油膩的脂粉工作了十三個小時，再加上反光裝置的效應，這一切都讓我覺得身心疲憊：在中午的時候，我就沒有那麼熱情了；在下午四點鐘的時候，我完全是靠意志力在堅持，咬緊牙關讓自己做出更加有趣的表演；在晚上七點鐘的時候，我們已經完成了膠捲的拍攝；在晚上九點鐘的時候，我們才在膠片沖洗房裡完成了影片的沖洗。這段時間直到第二天早上，我都沒有什麼事情可做，只是思考著如何拍攝一部新的喜劇。

我癱坐在導演的汽車後座上，想要匆忙趕回飯店。此時，我們遇到一大群人堵塞了道路，我才想到美國人製造出的嵌入式浴室是有其好處的。人行道上也站著很多人，一直排到半個街角。很多人都站在汽車旁邊想要看著前面發生的事情。司機也停車了。

「發生了什麼事？」我問人群中的一個人。

「查理·卓別林就在這裡！」他一邊踩在腳踏板上，伸長

243

脖子看著前面發生的事情，一邊興奮地回答說。

「真的嗎？」我說。我站起來向前面看，在一座電影院前面，的確有一個查理‧卓別林，他穿著寬鬆的鞋子與褲子，嘴唇上黏著鬍子，與卓別林在電影裡打扮得完全一樣。那個傢伙在人群中走來走去，揮舞著他的拐杖，然後不小心摔倒了。警察想讓行人讓開人行道，但是大家都非常想要看到卓別林。我站在那裡看著他，內心泛起了難以描述的情感。

「這太有趣了。」過了一會，我對自己說。那個站在腳踏板上的人聽到了我的話。

「有趣？我要說他真的很有趣！他是美國最搞笑的人！」他說，「他們都說卓別林一天賺 100 美元，並且說他在爛醉的時候才會表演。」

「哦，這是真的嗎？」我說。

「我想他們說得對。」他接著說，「他在電影銀幕上的表演就像喝醉酒了一樣。你有沒有看過他最新拍攝的一部電影呢？天啊，那真是太好看了！當他摔倒在臭水溝裡！當然，那肯定是假的臭水溝，但還是很……我笑得差點從座位上掉下來了！」

我們在拍戲的時候並沒有用假的臭水溝，那是一條真的臭水溝。但我沒有多做解釋，而是讓司機直接開車回到飯店。這裡發生的情況實在是讓我感到困惑。

不到一個星期，洛杉磯有一半的電影院都播放查理·卓別林的電影了。我開始習慣了在大街上遇到「自己」的情景。每當我對著鏡子化妝的時候看著自己，都會感到非常驚訝。彷彿在一夜之間，上千個查理·卓別林的人物塑像就在商店的櫥窗裡展示了。我都不敢到商店裡買一個牙刷了，因為裡面的櫃檯上都堆滿了我的塑像。

　　這樣的感覺真的很奇怪，無論走在大街上，還是在咖啡館裡喝咖啡，都能聽到人們在談論查理·卓別林，隨處都可以看到查理·卓別林的畫像，但我卻從未被別人認出就是查理·卓別林。我隱約感覺到所有人都在斜著眼睛看著我，感覺到自己的靈魂都要出竅了。但是，這樣的情況並沒有持續很久。很多讓人討厭的記者不久就一窩蜂地來到攝影棚，就好像他們要到埃及去尋寶一樣。我的世界似乎比以前具有更強的萬有引力了，因為我身為一名演員，正在想盡一切辦法去躲避記者。

　　這並不是說我討厭記者。事實上，在過去的時候，我想要的不過是找到一個願意聆聽我的人，我為此還想辦法努力去吸引別人的注意。這可能就是人生開的另一個小小的玩笑吧。當一個人不再想著去追求某些東西的時候，這些東西很自然地就會來到。

　　我必須重新投入電影的拍攝當中，每週要拍攝數百英尺

的膠捲，並且還要在白天光線充足的情況下進行。之前電影行業出現的「賭博式」的狂熱已經漸漸消退了，很多導演都開始計算拍攝成本了。要是我的劇組延遲半個小時拍攝，那就意味著數百美元的損失。每天早上，總會有六名記者等著我，希望我能夠給他們幾分鐘。

我選擇躲避這些記者，就像一個等待著被狩獵的人那樣躲在攝影棚裡。我從來都沒有停下腳步，接受記者的採訪，不會就一些自己完全不了解的事情發表看法。接下來的週末，我瞪大雙眼看著報紙整個版面都在報導我早期的人生故事，並且這些報導都是用第一人稱來寫的。最後，為了盡快完成兩部全新的喜劇，我連續三個星期都沒有接受任何記者的採訪，每天都在加班工作。此時已經是深秋時節了，天氣有點變幻莫測，白天的光線也不是很充足。我們每天早上五點鐘起來，在日出的時候前往鄉村的拍攝地點，卻只看到大霧。接著我們重新趕回攝影棚，借助人造燈光來拍攝，而下午陽光又出現了。這是讓人神經緊張疲憊的三個星期。在拍攝的最後一天，我們的脾氣都變得非常暴躁了。我們沖洗了膠片，發現膠捲已經曝光了，這幾乎毀掉了整盤膠捲。

我們離開舞臺，迅速吃了一頓晚餐，馬上返回片場，盡可能抓緊時間彌補之前失去的時間。我在前往攝影棚的路上遇到了一位身材瘦削的年輕人，他沒有認出我來。

「你說，卓別林是不是瘋掉了？」他問。

「瘋掉了？」我反問。

「是的，他已經有一個月的時間沒有出新電影了，我也到處找不到他。他們說卓別林已經發瘋了，現在被關在精神病院裡。」

「他沒有發瘋。」我說，這件事所具有的幽默感讓我想笑，「他不是一個暴力的人，但他隨時都可能會做出暴力的行為。」

半個小時之後，兩份早報打電話向導演求證這篇報導的真實性，導演嚴正地加以否認。之後，報紙上沒有了關於卓別林的報導。但有人跟我說，很多人都「想當然」地認為，卓別林現在已經被關在加州的精神病院裡。

在所有這些紛紛擾擾的評論以及報導的背後，我都在努力、非常努力地工作，想要拍攝出最好的電影。我的心底總是在思考著如何才能讓觀眾發出那種發自內心的哈哈大笑。當然，我並不總是能夠讓觀眾發出會心的笑意，卻至少能讓觀眾發笑。我與基石公司的合約很快就要到期了，我看到自己的未來一片光明。

第三十章　前景無限好

第三十一章

走不出的電影事業

> 我失去了對電影行業的興趣；我開始制訂其他一些
> 計畫；我想要放棄電影行業，卻最終簽訂了一份待
> 遇豐厚的合約。

在電影行業經過了一夜之間「雨後春筍」般的發展之後，很多電影公司都迅速賺到了一大筆財富，但又很快地在行業內消失了，整個電影行業面臨著重組。正是在這樣的背景下，我與基石電影公司的合約到期了。

我的電影讓數百萬到電影院看電影的人都得到了歡樂，這讓很多電影公司都急著要跟我簽訂合約。我收到了一些公司寄過來的薪酬數額巨大的合約，並且承諾要給我豐厚的股票報酬。面對這樣的情形，我覺得自己需要一位理財能手。於是，我找到了雪梨。

在經過一番認真的考慮之後，我們決定接受埃塞尼電影公司的提議，得到一筆巨額的薪水以及股票分成。我的合約規定，我的日薪為 1,000 美元，同時還可以分成電影票房。

1,000 美元一天！也就是說二十四個小時 200 英鎊！在簽署合約的時候，一種超現實的感覺湧上心頭，這一切看上去都令人難以置信。就在五年前，我還為自己從卡爾諾先生那裡得到週薪 10 英鎊而沾沾自喜。

我興高采烈地回到了洛杉磯，準備再次投入工作。這是一個規模很小的劇組，有三個演員以及其他的龍套角色與我

一起拍攝。在舞臺上一個搭建起來的木質結構足以做成十幾個不同的場景，這個地方靠近洛杉磯與帕莎蒂娜的軌道橋樑，這裡就是我與劇組拍攝的地方。這裡有一條破敗的小街，其中一半的建築都被野草掩埋了，我就把自己關在這個被木牆圍起來的攝影棚裡工作了整個炎熱的夏天，每天都想要拍出搞笑的電影。

每天早上，當光線適合拍攝的時候，我就會迅速來到攝影棚，進入化妝間，一邊化妝一邊思考著搞笑的點子。劇組都站在一塊巨大帆布反射裝置發出的白色光線下面，攝影機已經就位，而公司從很遠的那端打來電話，要求盡快完成更多電影的拍攝。我必須要走上舞臺，只要光線允許的話，我就會走上舞臺做出滑稽的表演。

「卓別林，整個世界都在你的手上。」電影公司的經理愉悅地對我說，「快點拍出電影吧，這就是我們想要的。」

我也按時上交了電影作品給他們。我每天都在從樓梯上摔下來，掉進湖水裡，與正在移動的汽車相撞，從四腳梯上摔下來，坐在一個放滿了糨糊的木桶上，我聽到了攝影機快門在發出滴答滴答的聲音。晚上，我會在膠片沖洗房間檢查著膠片，認真裁剪與修正。在這個時候，我一直在冥思苦想著各種有趣的想法。

此時，我覺得這個世界上沒有比一個有趣的想法更加罕

見的了。因為每天都要想出全新的搞笑主意，這樣重大的責任以及繁忙的工作讓我身心俱疲。秋天的時候，我已經下定了決心，以後一定要離開電影行業。只要我賺到了 100 萬美元，我就要離開電影行業。

「如果我繼續做上一年的話，我就會成為一名百萬富翁。」一天晚上，當我躺在陰涼的地下室場景水泥地板上休息的時候，我這樣對自己說。「到時候，我就不做了。我再也不拍電影了，我會寫一本書。我之前從未寫過一本書，我想這樣做，但這不是一本搞笑的書。」

畢竟，即便在我最糟糕的日子裡，我都已經享受過自己在舞臺與電影行業的光輝歲月了。我曾與威廉‧吉列特在舞臺表演上取得了成功。我現在在美國的電影行業裡取得了成功，賺到了許多錢。我現在還依然是一個二十出頭的人，為什麼不完全離開這個行業，找到一個杳無人煙的農場安頓下來，然後認真寫作呢？成為一名作家是一件很有趣的事。太好了，我就要這樣做！

我與埃塞尼電影公司的合約只簽了一年 —— 這是雪梨當時出於謹慎想法做出來的決定。還有幾個月，這個合約就要到期了。此時，我已經收到了其他電影公司寄過來的合約，我拒絕了所有這些合約。是的，我要在自己差不多賺到 100 萬美元的時候就放棄不做。賺到了 75 萬美元也足夠了。躺在

涼爽的水泥地板上，穿著寬鬆下垂的褲子，臉上塗著脂粉，我伸展了一下雙腳，心滿意足地搖擺著那雙邋遢的靴子。真的太好了，以後再也不需要為怎樣搞笑而煩惱了。

「查理，我的小弟，別這麼傻了！」當我告訴雪梨這個想法時，他這樣說，「為什麼要不做呢？你可以在這個行業賺到更多的錢。聯合電影公司的哈欽森現在就在這座城市，我昨晚就已經跟他談過了。他們願意提出一個你做夢都想不到的報價。你可以成為世界上片酬最高的演員。」

「再賺一百多萬又有什麼用呢？」我驕傲地說，雖然雪梨的話讓我開始動搖了。「我已經賺到很多錢了，我想要寫一本書。」

「你怎麼知道自己能夠寫書呢？」雪梨反駁我說，「你想要去某個偏遠的地方居住，以後再也不被世人知道嗎？還是你認為威廉·吉列特會再次帶你回到美國呢？」

從雪梨帶衣服到醫院給我穿，讓我擺脫倫敦醫院那場鬧劇，帶我回家之後，這是他第一次提到這件事。當時，我已經告訴了他這些事情。

我突然覺得，雪梨說的很可能是對的。在我的人生經驗裡，雪梨往往都是對的。

「好吧。」我說，「我與埃塞尼公司的合約也快要到期了。在我拍攝電影的時候，你就專心幫我打理事務吧。」

雪梨同意了，我們開始考慮我應該選擇哪一家電影公司。此時，整個電影行業已經定型了，幾家大的電影公司瓜分了整個電影市場。電影製作的很多個工種都已經專業化了。一家電影製作公司會將電影發給發行公司進行推廣行銷。我們最想要的就是與一家大的發行公司聯絡。這樣的話，我可以得到電影的分成，因為電影行銷才是最重要的。

當我的合約到期之後，我大大地鬆了一口氣。我最後一次開車離開了攝影棚，接下來的幾個星期可以自由自在，不再需要為冥思苦想搞笑的點子而傷透腦筋了。雪梨正忙著與幾家電影公司談判，站在我的立場去考慮他們的報價以及各自的優勢。這段時間，我十分空閒自在，可以做自己想做的事情。那天，我洋洋得意地吹著口哨，揮舞著拐杖去吃晚餐，內心快樂地期望著自己將會有一個光明的未來。

在接下來的一個星期裡，我發現一點，即我最想做的事情還是表演。這段時間，有數千個搞笑的點子湧入我的腦海，我想要再次化妝去表演，想要再次聞一下烈日下攝影棚裡發出的松樹氣味，想要聽一下攝影機發出的滴答聲。我用略帶遺憾的神情看著電影院上過去的那些海報，沒有卓別林全新的電影上映。我想要急切地再次投入工作當中。

每天晚上，我都會著急地與雪梨談論不同公司的報價與提議。最後，在經過與哈欽森的多輪談判之後，我們私底下

認為聯合電影公司的報價與條件是最好的。但是，在聯合電影公司主席弗雷勒的私人代表考爾菲爾德來到洛杉磯，向我們提出一個明確的報價之前，我們還是不會輕易表明立場的。

考爾菲爾德很快就來到了洛杉磯，雪梨負責與他談判，讓我等待恰當的時候再露面。我將這些事情都交給了雪梨，我知道自己也完全有能力應付這些經理，但我更加相信雪梨處理商業事務上的能力。我竟然有點焦急地等待著自己在合約中的利益。

一天晚上，終於輪到我出場了。雪梨在樓下打電話給我。「我帶考爾菲爾德上樓了。」他說，「他提出週薪1萬美元，還有版權費。我還堅持要求獲得25萬美元的額外簽字費，如果可能的話，你要堅持這個條件。但是不管怎樣，你絕對不能將簽字費的數額降到12萬5千美元以下。」

第三十一章　走不出的電影事業

第三十二章

終於可以仰起頭驕傲了

> 我看到了能夠掌握在自己手中的成功；我為自己取得的成功感到無比驕傲；我收穫了意想不到的驚喜。

過了一會，雪梨帶著考爾菲爾德上來了。與哈欽森以及很多電影公司的負責人一樣，考爾菲爾德也是一位頭腦敏銳、極具商業頭腦的人。事實上，製作與銷售電影其實與購買股票以及債券沒有什麼區別，這是電影公司的經理根本無力控制的事情。

「卓別林先生，很高興見到你。你的哥哥與我已經就你的合約達成了協定。」他見到我之後馬上說，「我們將會為你提供週薪 1 萬美元加上版權收入，你每週的總收入將會是這個薪水數額的兩倍。」他還提到了電影分成的百分比，我對此表示同意。

「除此之外，我們還打算創建一家隸屬於聯合電影公司的子公司，這家公司是專門負責電影發行的，我們稱這家全新的公司為龍星電影公司——你就是龍星電影公司的明星！這家新公司會在聖巴巴拉擁有屬於自己的攝影棚，將會為你提供最好的拍攝組。」他還提到了他想到的幾位演員，我高興地同意了他的建議。考爾菲爾德提到的那幾位演員都是非常優秀的，我知道自己能夠與他們拍出很好的電影。

「合約大概就是這樣的。」他用總結的口吻說，「年薪 50 萬美元，另外你的版權收入應該也有 50 萬美元。版權收入的

多少，就取決於龍星電影公司拍攝影片的數量。我們會為你提供最好的拍攝條件。聯合電影公司會負責電影的發行。一旦你簽訂了合約，我們就開始準備工作了。」

「既然這樣，」我用愉悅的口吻說，「現在我們只需要談論一下額外給我的簽字費了。」

「卓別林先生，坦率地說，我沒有得到授權要給你這一筆簽字費。」他回答說，「我們不會這樣做的。我們覺得為你創建了一家新公司，為你提供攝影棚，為你提供如此強大的拍攝劇組，我們已經做到了所能做的一切。再加上我們為你提供破紀錄的薪水以及版權收入，我們無法做到更多。」

「這樣的話，你們必須要知道我還有其他的報價。」我回答說，「坦白說，我覺得你們給我多少簽字費會決定我最終選擇哪一家電影公司。我想要 25 萬美元的簽字費，我們都知道無論在哪一家電影公司，我都值這個價。」

談判陷入了僵局。當年與卡爾諾打交道的那種興奮的感覺再次湧上我的心頭。考爾菲爾德最後離開了，簽訂合約的事情還沒有最終決定。

在這之後，我們還進行了多輪的談判。我依然覺得，只要我堅持久一些，就能拿到那筆簽字費。但是我也很想再次開始工作了。畢竟，正如考爾菲爾德說的那樣，我們越早發行那些電影，版權收入就越快到手。

　　最後，我們連簽字費都妥協了，將簽字費降低到 15 萬美元，同時還讓公司為我的生命投下 50 萬美元的保險。我們向保險公司提出了申請，保險公司派來的醫生幫我做了體檢，以便我能夠盡快與聯合電影公司簽訂合約，立即投入工作中去。

　　「壯如牛！壯如牛！」醫生拍了拍我的胸口說。他用肯定的目光看著我手臂上的肌肉。「長期的室外生活以及鍛鍊，這些都是世界上最好的藥品。先生，如果你不介意的話，我想問一下你的職業？」

　　「我是那種類似於翻跟頭的特技演員。」我說，「就是那種拍電影的演員。」

　　「哦，我終於記起來了。當然，你就是卓別林先生！我差點忘記你的名字了！沒錯，沒錯，我剛才就覺得你很眼熟。我很高興見到你。你上次的那部喜劇 —— 當你掉進湖水裡面 ——」他哈哈笑了起來。

　　我們都心情舒暢地準備出發前往紐約，我將會在那裡與弗雷勒簽訂合約，商量最後的一些細節。

　　十年前，我還是一位在倫敦劇院大街上餓著肚子的演員，雖然有著遠大的夢想，但卻經常飢腸轆轆。現在，我正在前往紐約的路上，年薪即將高達 50 萬美元。以前，我一直希望能夠得到別人的認可，努力在我見到的每個人面前擺出

高傲的姿態，想要獲得別人的讚賞或是羨慕，鼓勵自己有一天能夠取得成功。我之前曾經以自欺欺人的方式去保持高昂的鬥志。現在，我的名字在世界上每一個有電影院的地方都被人們所熟知，我每天能讓數以百萬的人發出會心的笑聲，贏得他們的讚許。

我感覺自己已經實現了夢想，我感到很快樂。

抵達紐約後，我立即發給母親這個讓人興奮的消息——我那身材瘦削的可憐母親，現在要比之前更老了一些。自從我們一起在倫敦的閣樓裡挨餓的時候開始，她的身體就一直沒有好過。她無法來到美國，因為她無法忍受漫長的航程。但是，我寫了一封很長的信給她，告訴她我在美國這邊取得了巨大成功。當我的喜劇電影在英國上映的時候，她第一次到電影院看了我的電影，並且在回信中表示很高興再次見到我，表示我的喜劇電影非常棒，她為我感到無比自豪。

我們準備在紐約聯合電影公司的辦公室裡簽訂合約。當我們走進裝修豪華的房間裡，立即被人引到了這家資產高達數百萬美元的電影公司的主席身旁。此時我的腦海裡閃過一個想法，就是十年前，我在倫敦的各個經紀人辦公室裡疲憊地奔走著，得到的只是雜務工冷漠的嘲笑。

我還以為，當我見到弗雷勒的時候，過去遭遇過的各種挫折以及機遇的轉折已經讓我接受好了各種打擊的準備。當

我走進弗雷勒的私人辦公室時，充滿了安全感，對自己以及這個世界都感到非常滿意。

「卓別林先生，我很抱歉。」當我們坐下來，考爾菲爾德彼此介紹之後說，「我想，在簽字費上面還存在著一些問題，保險公司拒絕了你的投保請求。」

第三十三章

喜劇生涯

> 我擁有了夢想中的財富；我開始思考人生充滿的
> 各種喜劇元素，在最後的結論裡卻沒有得出任何
> 結論。

「拒絕我的投保申請 —— 不可能！」我從椅子上站起來大聲說。我感覺彷彿有一張鋒利的刀子直接刺進我的心臟，讓我在面臨人生最偉大成功的時刻心臟突然停頓了。我不得不努力地掙扎、鬥爭與希望著 —— 彷彿自己就要因為某種無法抗拒的疾病而死去。怎麼會這樣呢？在我的人生裡，我從未像現在這樣感覺良好過。

「是的，我們也是今天早上才收到對方拒絕投保的申請。他們說因為你從事的工作過於危險，因此不願意投保那麼大的金額。」弗雷勒說，「我很抱歉，但我覺得這只不過是稍微延遲了我們簽訂合約的時間，只需要等到一家願意承擔你投保的保險公司或是向多家保險公司分別投保的申請得到批准之後，一切就可以了。」

我笑了，感覺命運向我射出了最後一顆子彈，卻沒有打中我。過分危險？當然了，我的工作肯定是過分危險的。在偌大的攝影棚裡，我早已習慣了在拍攝驚險場面的時候醫護人員在一旁的情景了。我經過長時間的訓練已經知道了如何在表演喜劇的時候盡可能降低危險性，避免摔斷骨頭。這是我表演喜劇這份工作的一部分。

「哦，好吧。」我說，「那我們該怎樣安排這件事呢？」

這個問題一直困擾了我們好幾天，沒有一家大的保險公司願意接受我數額如此巨大的生命保險金。但是，我們最終還是解決了這個問題。聯合電影公司表示，如果我在拍戲過程中出現死亡的情況，就會賠償我 50 萬美元，要是我沒有死亡，就會得到更多的賠償。我簽訂了合約，得到了 15 萬美元的簽字費。

我與聯合電影公司簽訂合約的畫面被攝影機拍攝進去了，這樣，全世界的觀眾都能看到我平常的個人形象，看到我是怎樣揮動著那枝決定我命運的鋼筆。在這個時刻，我的內心充滿了強烈的情感，在我簽下「查理‧卓別林」這幾個字的時候，我感覺自己彷彿得到了 100 萬美元。但是，當攝影機轉動著曲柄發出「噠噠噠」的聲音時，又讓整件事變得不真實。我只能小心翼翼地做出正確的表情。

「嗯，這一切都結束了。你那另外 50 萬美元呢？」當我將合約的副本安全地放入胸袋，準備走向大街的時候，雪梨充滿情感地說，「有了那 50 萬美元之後，你還會不做這一行嗎？我的好兄弟，你永遠都不會離開這個行業！」

「你這個頑皮的傢伙，都聽你的。」我說，「不過，我還是會寫一本書的。我敢打賭，我肯定會寫一本書的。順便說一下，我還有另外一件事要做。」

第三十三章　喜劇生涯

　　在我簽訂合約的時候，攝影機的存在讓我無法將內心的愉悅與高興表現出來。此時，我終於有機會償還雪梨這麼多年來一直幫助我的恩情了。他無法拒絕我給他的一半簽字費，因為他為此付出了很大的努力。給雪梨的這張 7 萬 5 千美元的支票帶給我巨大的內心滿足感，我覺得這是花得最值得的一筆錢。

　　我回到了太平洋沿岸，開始與聯合電影公司的合作。現在，我在喜劇電影行業裡已經取得了令人矚目的成就，我對此感到非常自豪。讓數百萬人在電影院裡發笑，我對此感到非常自豪。因為運氣以及一連串的機遇而實現了我多年前的夢想，這更是帶給我深深的滿足感。

　　但是，我沒有任何成功的金科玉律提供給別人。是的，我一直在盡自己最大的努力去工作 —— 但是，其他與我一樣努力與奮鬥的人卻遠沒有得到像我一樣的回報。無論你將之稱為運氣、命運還是天意，在我看來，每個人的人生其實都不是他們自己所能控制的。

　　如果雪梨當時沒有及時回到倫敦，我可能已經成為倫敦大街上的一名小偷；如果威廉·吉列特當時將我帶到美國，我可能已經變成了一名悲劇演員；如果玻璃工廠的爆炸更加猛烈一些的話，我的無名墓上可能已經青草盈盈了。現在，不知為什麼，觀眾喜歡上了我的電影，從我的電影中看到了

幽默的元素，但是還有很多人與我一樣努力卻沒有得到這樣的厚待。而我，查理‧卓別林卻成為「美國最搞笑的人」，成為一名百萬富翁。

到底是什麼決定了我們在這個喜劇大舞臺或是世界上的命運呢？我不知道，我只知道，無論發生什麼事，笑一下總是一件好事。

與此同時，我正在努力拍攝一部全新的喜劇電影。我總是在想著怎樣拍出更好的喜劇電影。我擁有了屬於自己的全新舞臺，一個能夠在烈日照射下發出松脂味道的全新舞臺。舞臺上面還有十幾個不同的場景 —— 客廳、臥室、樓梯、地下室、屋頂、逃生梯、洗衣房、麵包烘烤室、酒吧間以及所能想到的拍攝場景。

只要白天的光線足夠強烈，我都會搭乘那輛豪華的轎車前往片場。當我下車的時候，都會故意摔上一跤，逗得司機哈哈大笑。我用淺棕色的脂粉塗抹著臉，在嘴角上貼著鬍子，穿上寬鬆的鞋子，將褲子紮到腰部以上的位置，跳上一段木屐舞。接著，攝影機就開始拍攝了，我也開始了自己搞笑的表演。我非常享受自己的喜劇表演，我覺得當自己在表演的時候，這是世界上最有趣的事情。我會哈哈大笑，其他演員也會哈哈大笑，導演在用草帽搧風的時候也會哈哈大笑，攝影師也會哈哈大笑。

第三十三章　喜劇生涯

　　我在表演的時候會產生很多有趣的想法。我總是充滿熱情地投入每一次的拍攝當中，不斷改變表演的方式，想辦法去營造出一種出其不意的表演效果，仔細地指導其他演員的表演，享受表演的每個時刻。

　　晚上，當光線逐漸暗下來了，我會坐在地下室裡乘涼，因為各種反射裝置沒有在這裡照整天，所以比較涼快一些。有時我會回想起過去的時光，自從我為霍金斯跳木屐舞開始直到現在，命運對我設下各種考驗。我想要知道這一切為什麼發生以及其中的意義所在，但我卻始終都找不到答案。

附錄

查理・卓別林和他的時代

查爾斯·史賓賽·「查理」·卓別林爵士（Sir Charles Spencer "Charlie" Chaplin, 1889 年 4 月 16 日－1977 年 12 月 25 日）是一位英國喜劇演員及反戰人士，後來也成為一名非常出色的導演。卓別林在好萊塢電影的早期和中期尤為成功和活躍。他奠定了現代喜劇電影的基礎，與巴斯特·基頓、哈羅德·勞埃德並稱「世界三大喜劇演員」。卓別林戴著圓頂硬禮帽和穿著禮服的模樣幾乎成了喜劇電影的重要代表，之後不少藝人都模仿過他的表演方式。

　　卓別林最出色的角色是一個外貌為流浪漢，內心則一副紳士氣度、穿著一件窄小的禮服、特大的褲子和鞋、戴著一頂圓頂硬禮帽、手持一根竹拐杖、留著一撇小鬍子的形象。在無聲電影時期，卓別林是最有才能和影響最大的人物之一。他自己編寫、導演、表演和發行他自己的電影。從在英國的大劇院作為孩童演員登臺演出，到他 88 歲高齡去世為止，他的職業生涯超過 70 年。從狄更斯式的倫敦童年一直到電影工業的世界頂端，卓別林已成為一個文化偶像。

　　卓別林出生於英國倫敦沃爾沃思的一個演藝家庭，父母親都是藝人。在他很小的時候父母就分居，查理與他的同母異父的哥哥雪梨·卓別林隨他們的母親漢娜·卓別林生活。1896 年，漢娜因嗓子突然失聲而失業，家境每況愈下，之後兄弟二人被送入倫敦蘭貝斯區的一個貧童習藝所。幾週後他

們又被送入一個收養孤兒的學校。卓別林 12 歲半時，父親老查理・卓別林酗酒去世，母親患精神病，最後被送入一個精神病院。當時雪梨和查理不知道他們還有一個被父親撫養大的同母異父的兄弟，後來這個兄弟在查理・卓別林位於好萊塢的製片廠中工作。7 年後，他離開了孤兒學校，成了一名流浪兒。他當過報童、雜貨店店員、玩具小販、醫生的小傭人、吹玻璃的小工人，還在遊藝場掃過地。1920 年，查理・卓別林將他的母親接到美國。1928 年，漢娜・卓別林在好萊塢逝世。

1894 年，5 歲的卓別林在倫敦的大劇院代替他的母親首次登臺表演。他小時候曾生過一場大病，躺在病床上數星期，晚上他的母親便會在窗前表演外面發生的事情給他。1900 年，他的哥哥替他在倫敦競技場上演的默劇《灰姑娘》（*Cinderella*）中扮演一隻戲劇性的貓的角色。1903 年他獲得了一個新角色，後來不久他獲得了他的第一個正式角色，扮演《夏洛克・福爾摩斯》（*Sherlock Holmes*）中的一個報童。直到 1906 年他仍然扮演這個角色。此後他在一個雜技團裡工作，次年在佛萊德・卡爾諾的喜劇團裡扮演小丑。

根據美國移民紀錄，查理・卓別林於 1912 年 10 月 2 日隨同卡爾諾默劇劇團進入美國。當時卡爾諾默劇劇團的成員還包括斯坦・勞雷爾，卓別林和勞雷爾在旅店裡共住一屋。

後來勞雷爾回到英國，而卓別林則留在美國。當時電影導演麥克・塞納特看到卓別林的表演後僱用卓別林。卓別林在那裡與喜劇演員瑪布爾・諾曼德合作。1914 年到 1923 年間，卓別林拍攝了大量的短片，以精湛的默劇技巧、完美的銀幕形象成為世界聞名的喜劇演員 —— 事實上他可以說是第一位世界明星。卓別林成立了自己的電影公司，這樣他便可以控制自己的電影。卓別林於 1914 年首次出演電影《謀生之路》（*Making a Living*）。

1918 年，卓別林創建了他自己的好萊塢公司，在藝術與經濟方面對自己的電影獲得了前所未有的控制。在此後的 35 年中，他憑藉著自己的獨立優勢創造了許多不朽的傑作，這些作品至今不失其娛樂價值和影響力。其中包括短喜劇《狗的生活》（1918 年）和《發薪日》（1922 年）。長的作品有《夏爾洛從軍記》（1918 年）和《朝聖者》（*The Pilgrim*）（1923 年）。此外還有他的無聲電影經典，其中包括《孤兒流浪記》（1921 年）、《巴黎一婦人》（1923 年）、《淘金記》（1925 年）和《馬戲團》（1928 年）。

有聲電影被發明後，他還拍了兩部他最著名的無聲電影《城市之光》（1931 年）和《摩登時代》（1936 年），此後他開始轉向有聲電影。在卓別林的無聲電影中，他自己製作配音和音效。《城市之光》是卓別林喜劇因素與情感交配得最完

美的一部作品。詹姆斯・艾吉 1949 年寫道：「這部片子的結束部分是電影史上最偉大的一段表演。」

卓別林的有聲電影包括《大獨裁者》（1940 年）、《凡爾杜先生》（1947 年）和《舞臺春秋》（1952 年）。

《摩登時代》雖然是一部無聲電影，但是實際上它包含聲音，比如收音機和電視機的聲音。卓別林以此來幫助 1930 年代已經不習慣看無聲電影的觀眾來熟悉沒有對白的無聲電影。在該片的一個情節中，卓別林的上司觀察他在洗手間裡偷偷地抽菸。這個情節比喬治・歐威爾於 1948 年所寫的《一九八四》（*Nineteen Eighty-Four*）中的一個類似的情節早了十多年，而且同樣具有諷刺性。《摩登時代》也是第一部可以聽得到卓別林本人聲音的電影。電影結束時他哼的那首歌是他自己親自哼的。雖然如此，這部電影一般依然被看作一部無聲電影。

1919 年，卓別林與瑪麗・畢克馥、道格拉斯・費爾班克斯和大衛・沃克・格里菲斯等人一起共同成立了一個電影發行公司——聯美電影公司。他們的意圖在於逃避好萊塢正在形成的製片公司系統中發行公司和資助人不斷增強的權力。聯美公司的成立和他自己的製片公司保障了卓別林對自己作品的完全控制，保障了他的獨立地位。直到 1950 年代初他任聯美公司的理事。

附錄　查理‧卓別林和他的時代

　　雖然從 1927 年開始有聲電影出現後就很快占據了電影主流，但是在 1940 年之前卓別林始終拒絕拍有聲電影。卓別林本人多才多藝，他為他 1952 年的《舞臺春秋》編排舞蹈，為 1928 年的《馬戲團》寫了主題曲。他的著名的歌包括〈微笑〉(Smile)，後來納京高演唱這首歌非常出名，此外《舞臺春秋》的主題曲也是他自己寫的。

　　卓別林的第一部有聲電影《大獨裁者》，是專門針對阿道夫‧希特勒和納粹主義而作，並於美國放棄孤立主義參戰的前一年發表。在當時的政治氣候下，這部影片的訴求相當大膽。它生動地寫明納粹主義的醜惡，並塑造一個生動的猶太角色，描寫他遭受到的迫害。卓別林在這部電影中同時扮演了一位類似（包括面目形狀上的類似）希特勒的納粹獨裁者和一位受納粹主義殘酷迫害的猶太理髮師。

　　卓別林的政治觀點始終傾向左派。從今天的角度來看，他的政治見解相當緩和，但是在 1940 年代的美國（加上他的影響力、他的知名度以及身為一位外國僑民），許多人認為他的政治觀點是非常極端、非常危險的。在大蕭條前，卓別林的無聲電影的政治性不強，他的流浪漢的角色只不過是貧困，有時與法律發生衝突。卓別林 1930 年代的電影就非常政治化了。《摩登時代》描述了工人和窮人在工業社會中的不幸狀態。1940 年的《大獨裁者》最後的一段演講批評了民

族主義，受到了強烈的反對。卓別林於 1942 年公開要求幫助蘇聯在歐洲開闢一個第二戰場，也是一個非常受爭議的事件。原本懷疑他是共產黨員的美國聯邦調查局局長埃德加·胡佛曾指示為他建立祕密檔案，在 40 年代後半期更是險些將他叫到國會聽證。1947 年的《凡杜爾先生》使用黑色幽默的手法批評資本主義，在許多美國城市裡發生了抗議這部影片的事件。儘管卓別林非常成功，而且從 1914 年至 1952 年始終住在美國，但是他一直保持著他的英國國籍。在麥卡錫主義時期，他被指責從事「非美行為」，並懷疑傾向共產黨。約翰·埃德加·胡佛下令聯邦調查局祕密收集卓別林的情報並建立了一個祕密檔案，胡佛還試圖將卓別林驅逐出境。據 2012 年公開的檔案，美國聯邦調查局曾向英國軍情五處要求提供能用於將他驅逐出美國的資訊。1952 年卓別林離開美國，他本來打算短暫訪問英國家鄉。胡佛聽到這個消息後，與美國移民及歸化局商議取消卓別林的再入境允許。卓別林得知後聲明：「自從上次大戰以來，我就成了強勢的反動團體製造的謊言和宣傳的目標，他們有影響力，有美國黃色媒體的幫助，創造了一種氛圍，讓有自由意識的人都被找出來受迫害。因此我決定，我已無法持續我的電影工作，我將放棄在美國的居留權。」他決定留在歐洲，定居瑞士沃韋。期間遊歷各國，受到了畢卡索、伊莉莎白二世、戴高樂、赫

魯雪夫、周恩來等人的接見。1957 年，卓別林在歐洲拍攝了《紐約王》，使用幽默的手法來諷刺五年前導致他被迫離開美國的政治事件和對他傾向共產主義人心惶惶的多疑。拍了這部影片後，卓別林喪失了拍公開的政治性電影的興趣，他說喜劇演員和小丑應該不需要政治性，應該「站在政治之上」。1972 年，他與他的夫人短暫回訪美國，來領取奧斯卡榮譽獎。儘管他是受美國電影藝術與科學學院的邀請回到美國的，美國當局只發了一個為期兩個月的一次性入境簽證給他。不過此時美國民眾裡反對卓別林的政治情緒已經消失了，他的回訪非常成功。

卓別林兩次獲得奧斯卡榮譽獎。在 1929 年 5 月 16 日奧斯卡金像獎首次被頒發時，還沒有今天的投票程序，而且各項獎勵之間的區別也非常模糊。卓別林本來因他的電影《馬戲團》被提名為最佳男演員和最佳喜劇導演，但後來他的提名被撤回，美國電影藝術與科學學院決定因他在「《馬戲團》片中在表演、協作、導演和製片各方面表現出來多樣性和天才」而授予他特殊獎。另一部獲得特殊獎的影片是《爵士歌手》（*The Jazz Singer*）。

44 年後，卓別林於 1972 年年末為他對「20 世紀的電影藝術所做出的不可估量的貢獻」獲得了第二次榮譽獎。卓別林重返美國，除了獲獎外，他還獲得了奧斯卡金像獎歷史上

最長的起立致敬。在明星群聚的會場內，觀眾起立並鼓掌了整整 5 分鐘。

卓別林還因為《大獨裁者》被提名為最佳電影、最佳男主角和最佳原創劇本，因為《凡杜爾先生》被提名為最佳原創劇本。在卓別林本人拍電影的時期裡，他很小看奧斯卡金像獎。他的兒子小查理寫到卓別林開玩笑將他 1929 年獲得的金像獎當作門擋使用，因此在 1930 年代，電影藝術與科學學院的人對他非常不滿。

卓別林最後的兩部電影是《紐約王》（1957 年）以及和蘇菲亞·羅蘭、馬龍·白蘭度上演的《香港女伯爵》（1967 年）。人們往往忽視卓別林還獲得過一次奧斯卡金像獎，1973 年，他因為 1952 年與克萊兒·布魯一起拍的《舞臺春秋》獲得了最佳原創音樂獎。片中巴斯特·基頓也登場，這是這兩位大喜劇家唯一的一次同時露面。由於卓別林當時面臨的政治困難，這部電影始終未在洛杉磯上演，而這是被提名的條件之一。這個條件直到 1972 年才達到。

1975 年 3 月 9 日，伊莉莎白女王二世授予卓別林爵級司令勳章，由此將他提升為爵士。1931 年和 1956 年就已經有人提名將卓別林封為爵士了，但當時的保守派政府反對此舉。

1977 年聖誕節，卓別林在瑞士沃韋中風（酒後服用鎮靜

劑）逝世，享壽 88 歲。他被葬在佛德州沃韋上科爾西耶的墓地中。1978 年 3 月 1 日，有人盜走了卓別林的遺體並以此試圖向他的遺屬要錢。但是盜墓者被捕，11 週後他的遺體在日內瓦湖附近被尋回。今天他被葬在六英尺的水泥下面，以防再發生類似的事件。

第一次世界大戰爆發後，英國媒介批評卓別林沒有參軍。卓別林稱他報名了，但是在體格檢查時落選。卓別林在戰期內募捐了許多錢，並於 1918 年拍了一部喜劇性的宣傳片。據說關於他參軍的爭論導致他沒有在 1930 年代初被封爵。

卓別林一生中始終有關於他是否有猶太血統的爭論和斷言。1930 年代，納粹宣傳中稱卓別林為猶太人，1940 年代聯邦調查局的研究也集中在這一點上（原因不明）。這個爭論出現的原因可能是當時有關於猶太人在電影工業占支配地位的狂想。卓別林的同母異父兄弟雪梨是半猶太人，但不信猶太教。卓別林本人有猶太血統的說法毫無根據。卓別林本人生前從未討論過這個問題，也拒絕否認他是猶太人。他說這樣做只是為「反猶分子提供了證據」。他常說假如他有猶太祖先的話，他將感到驕傲，因為「所有天才均有猶太血統」。在《大獨裁者》中，他大膽地描寫納粹對猶太人的迫害就展現出了他的這個觀點。

1924 年，製片人托馬斯・因斯死在了威廉・倫道夫・赫茲的遊艇上。卓別林被牽連在此事之中。這個事件是好萊塢的未解之謎之一，也許永遠也無法解開了。2001 年這個事件被拍成電影《貓眼》（*The Cat's Meow*）。

卓別林畢生受年輕婦女的吸引是他受批評的原因之一。他的傳記作家將這個習慣歸於他青年時代在倫敦大劇院遇到的初戀海蒂・凱利。卓別林喜歡發現和引導年輕的女影星。除米爾德里德・哈里斯外，他所有的婚姻和重要關係都是這樣開始的。

卓別林的代表作：

年分	片名		備註
	譯名	原名	
1915 年	《計程車上的私奔》	*A Jitney Elopement*	
1915 年	《流浪漢》	*The Tramp*	
1915 年	《拐騙》	*Shanghaied*	
1916 年	《冒牌的伯爵》	*The Count*	
1916 年	《銀幕背後》	*Behind the Screen*	
1917 年	《安樂街》	*Easy Street*	

1918 年	《狗的生涯》	*A Dog's Life*	又譯：《狗的生活》
1918 年	《夏爾洛從軍記》	*Shoulder Arms*	
1921 年	《孤兒流浪記》	*The Kid*	
1921 年	《飛上枝頭變烏鴉》	*The Idle Class*	
1922 年	《發薪日》	*Pay Day*	
1923 年	《巴黎一婦人》	*A Woman of Paris: A Drama of Fate*	電影旬報藝術性最出色電影
1925 年	《淘金記》	*The Gold Rush*	電影旬報最佳外語片
1928 年	《馬戲團》	*The Circus*	奧斯卡榮譽獎
1931 年	《城市之光》	*City Lights*	
1936 年	《摩登時代》	*Modern Times*	尤西獎最佳外地製片人
1940 年	《大獨裁者》	*The Great Dictator*	紐約影評人協會最佳男主角獎 尤西獎最佳外地製片人 電影旬報最佳外語片提名 奧斯卡最佳男主角獎提名 奧斯卡最佳原創劇本獎

1947 年	《凡爾杜先生》	*Monsieur Verdoux*	藍絲帶獎最佳外語片 波迪獎最佳美國電影 電影旬報最佳外語片提名 奧斯卡最佳原創劇本獎
1952 年	《舞臺春秋》	*Limelight*	奧斯卡最佳原創音樂獎 銀絲帶獎最佳外語片
1957 年	《紐約王》	*A King in New York*	又譯:《一個國王在紐約》 提名銀絲帶獎最佳外語片
1963 年	《三十歡樂世界》	*30 Years of Fun*	
1967 年	《香港女伯爵》	*A Countess from Hong Kong*	

官網

國家圖書館出版品預行編目資料

長鏡頭下的喜劇人生，查理・卓別林口述自傳：偷吃驢子的食物、美國夢破碎、險些被炸死……就算悲慘，我還是要當演員！ / [英] 查理・卓別林（Charlie Chaplin）口述；[美] 查蘿絲・懷德・萊恩（Rose Wilder Lane）執筆；郭繼麟 譯 .-- 第一版 .-- 臺北市：財經錢線文化事業有限公司 , 2023.03
面；　公分
POD 版
譯自：Charlie Chaplin's own story
ISBN 978-957-680-608-7(平裝)

1.CST: 卓別林 (Chaplin, Charlie, 1889-1977) 2.CST: 自傳
785.28　112002232

長鏡頭下的喜劇人生，查理・卓別林口述自傳：偷吃驢子的食物、美國夢破碎、險些被炸死……就算悲慘，我還是要當演員！

臉書

口　　　述：[英] 查理・卓別林（Charlie Chaplin）
執　　　筆：[美] 蘿絲・懷德・萊恩（Rose Wilder Lane）
翻　　　譯：郭繼麟
發 行 人：黃振庭
出 版 者：財經錢線文化事業有限公司
發 行 者：財經錢線文化事業有限公司
E - m a i l：sonbookservice@gmail.com
粉 絲 頁：https://www.facebook.com/sonbookss/
網　　　址：https://sonbook.net/
地　　　址：台北市中正區重慶南路一段六十一號八樓 815 室
Rm. 815, 8F., No.61, Sec. 1, Chongqing S. Rd., Zhongzheng Dist., Taipei City 100, Taiwan
電　　　話：(02)2370-3310　　　傳　　　真：(02) 2388-1990
印　　　刷：京峯彩色印刷有限公司（京峰數位）
律師顧問：廣華律師事務所 張珮琦律師

定　　　價：375 元
發行日期：2023 年 03 月第一版
◎本書以 POD 印製